SHODENSHA
SHINSHO

不安の哲学

岸見一郎

祥伝社新書

はじめに

先が見えないことがそれほど問題なのか

人生は不確実なものです。これから何が起こるかが確実にわかっていたら、不安になることはないでしょう。しかし、明日のことですら誰にもわかりません。明日という日はおそらくくるでしょうが、自分がもはや存在しない世界に明日という日がくるということかもしれません。

幸い、生きながらえても、大きな災害や事故が起きれば、前の日には思ってもみなかった日になります。原発事故が起こった時には、何が起こったかもよくわからないままに多くの人が命からがら避難しました。今も多くの人が避難生活を続けています。

自然災害や原発事故でなくても、自分や家族が病気になるという経験をした人は、突然、先の人生が見えなくなったと思ったことでしょう。これからどんな人生を生きるかを想像して先の人生が見えると思っている人は、先が見えなくなるような出来事を経験していないだけなのです。

しかし、人生は先が見通せないからこそ生きようと思えるのではないのでしょうか。仕事も勉強も結果が出ますが、努力しようとしまいと結果が決まっているのであれば、努力する気にもなれないでしょう。それと同じように、これから先の人生に何が起こるかがわかっていれば、そのような人生は生きるに値《あたい》しないといっていいくらいです。

確実にわかるのでなくても、これから同じような人生がずっと続くと思って絶望する人もいます。そのように考える人は、おそらくはこれまでの人生が順風満帆《じゅんぷうまんぱん》で一度も躓《つまず》いたことがなかったのでしょう。実際には、同じような人生が続くという保証はありません。

ただ、確実にわかっていることがあります。それは人は死ぬということです。それでは、確実に死ぬことがわかっていれば不安にならないかといえば、そうではないでしょう。死ぬということがわかっているだけで、死がどのようなものなのか、いつどのように死ぬかがわかっていないとやはり不安になります。

変化しなければ先は見えるが

先が見通せると安心できる人は、変化を恐れます。何事も変わらなければ、先を見通せるので不安にならないでしょうが、少しでも現状が変わることが予想されると、不安になる人です。個人心理学を提唱したオーストリアの精神科医アルフレッド・アドラーは次のようにいっています。

「何かをしようと企《くわだ》てる時に最初に起こる感情が不安であるという人がいる。家を出ようとしたり同伴者と別れるとか、仕事に就《つ》いたり、あるいは恋に落ちる時である」(『性格の心理学』)

何かをしようと「企てる」時に不安が起こるのです。つまり、実際にはまだ何も手がけていないのに不安になるということです。

自信があって何をしてもうまくいくと思っている人、これまでもそうだった人であれば不安を感じないでしょうが、そのように思える人は多くはないでしょう。

一歩外に出れば、たちまち何が起こるかわかりません。そこで、外に出た時に不安にならないように家の中にいて外に出ていこうとしない人がいます。出かけるとしても、誰かと一緒でなければ外出しません。誰かと一緒であればぼんやりしていても後をついていけば迷うことなく目的地に行くことができます。しかし、一人で出かけるのであれば、道順を自分で調べなければなりません。

道に迷わないとしても、途上で何か不測の事態に遭《あ》うかもしれません。電車が不通になれば予定していたのとは違う方法で目的地に行かなければなりませんが、そのようなことに慣れていない人がいます。そのような事態に遭った時に一人では対処できないと思うと、一人で外出することを断念してしまいます。

また、仕事に就く時に不安にならない人はいないでしょう。仕事の手順を覚えるのは大変ですが、より大変なのは職場での対人関係です。どんな仕事も一人ではできませんが、一緒に仕事をする人が皆いい人ばかりとは限らないからです。

職場での対人関係は仕事だけの関係だと割り切れたら、それほど難しいものではありません。同僚と友人になる必要はないからです。たとえ苦手な人と仕事をすることになったとしても仕事上の関係だけなので、職場を後にすればその人のことで煩《わずら》わされる必要はありません。

仕事以外の対人関係は厄介《やっかい》なものです。初めて人に会う時には相手の気分を害してしまうのではないかと不安になります。親しい人でも不安になります。親しいからなおさら気を遣《つか》い不安になるともいえます。

アドラーは恋に落ちる時に不安になるといっていますが、恋愛関係は友人関係よりもはるかに難しいものです。恋愛関係は、他の関係とは違って心理的な距離は近く、一緒にいる時間も長いからです。恋に落ちることは二人の関係のゴールではありません。結婚を恋愛のゴールと思っている人がいますが、結婚生活が自分が願うようにはならず、大喧嘩をしたあげくに別れることがあります。

二人の関係が付き合い始めた最初と同じまま変わらないことはありえません。関係がうまくいかなくなって付き合っていた人と別れるという経験をした人は、次に誰かを好きになってもその関係がうまくいかないのではないかと不安になります。

さらに、親子関係は関係の深さと持続性の点で、他のどの対人関係よりも難しいです。関係がよくなくても別れることはできません。今は親は元気で関係がよくても、いずれ介護をしなければならないと思うと不安になる人はいるでしょう。そのようなことにならなくても、親が歳《とし》を重ねていけば親子関係が今後どうなるかはわかりません。

老い、病気、死も人を不安にさせます。老いを遅らせようとしたり、病気にならないように健康に気遣う人は多いですが、老いない人も病気にならない人もいません。もちろん、死なない人はいません。

また、目下《もっか》、猛威をふるっている新型コロナウイルスは生活に暗い影を落としています。生活のあり方を変えることを余儀なくされ、これから一体どうなるのかと思うと不安にならないわけにはいきません。この不安も先の人生が見えなくなったことから起こります。病気になった人は自分がかかった病気の名前くらいは知っていても、実際にそれがどんな病気かを初めて知ることが多いでしょう。しかし、それでもこれまで多くの症例があるので自分の病気がどんなものであるかがわかり、治療法も確立しています。

ところが、コロナウイルスは未知のウイルスなので、まだそれがどういうものなのかはわからないところがあります。専門家でもわかっているわけではありません。今後どうなるかも誰にもわからないので、不安になるのです。

コントロールできない時

コントロールできないと思う時も不安になります。人間はいつか死ぬとわかっていても、それがいつかはわかりませんし、自分で決めることはできません。

自分で運転する車の方が飛行機よりも安全だと思う人がいます。実際には、車の事故による死傷者の方が多いのですが、コントロールできると思うから車の方が安全だと感じるだけです。

死ぬことを怖いと思う人が、重い病気にかかった時に自ら命を絶《た》つことがあるのは死を自分でコントロールしたいからです。死そのものの方がはるかに怖いと思うのですが、死を前にした時の人の行動は往々《おうおう》にして非合理なものです。

病気のために不断に激痛に襲われる人は、苦痛があることが何よりもつらいですが、苦痛を自分でコントロールできないことを恐れます。そこまで考えないとしても、それまでは身体の存在をまったくといっていいほど意識していなかった人が、自分と身体との間に隔《へだ》たりを覚えるようになります。若く元気だった時であれば、仕事でどれほど疲れても一晩休めば疲れが取れたのに、歳をとると無理をすればいつまでも疲れが取れなくなります。

他者もコントロールできません。誰も自分の期待を満たすために生きているわけではないということを知るまでは、他者をコントロールできると信じて疑わない人がいます。とりわけ、親は子どもに自分が願う通りの人生を生きさせようとします。子どもの方も親があまりに強圧的であれば反抗することができず親に従ってしまうことがありますが、自分の人生なのにどう生きるかを親が決めることに疑問を持ち、親に反発する子どもがいます。

自分が他者の期待を満たせないことを知っている人は、他者をコントロールできないことを知っているはずですが、他人の期待に応《こた》えて生きてきた人は、他の人も自分と同じであると思ってコントロールしようとします。そのような人は、他の人が自分と同じように考えたり感じたりしているに違いないので、他の人のことがわかると思っているのです。

しかし、親子関係を例にしていえば、子どものことは親である自分が一番よくわかっているという親がいたら、子どもは親に反発するでしょう。他の人は理解できるかといえば、理解できないと考える方が正しいのです。もっともそう言い切ってしまうと、人と関わることすらできなくなるので、わからないことを前提に人とどう付き合っていくかは考えなければなりません。親が子どものことをわかっていると思うのは、子どもをコントロールしたいからですが、子どもが自分のコントロールできない存在であることを知った時、親は不安になります。

先が見えなくても

先のことは何も見えず、何事も変化し、自分が望まないことでも起こる時は起こります。これは何が起こるかは決まっているけれども知らないだけだという意味ではありません。多くのことは自分の手でコントロールできないということです。

起こることの多くをコントロールできないとしても、手を拱《こまぬ》いて何もしないのではなく、できることはしていかなければなりませんが、楽観的な予想をしてみても不安が消えるわけではありません。怖いことは起こらないと思ってみても、それは喩《たと》えてみれば、怖いからといって目を瞑《つむ》るようなものです。目を瞑ったところで、怖いものが消えるわけではありません。

不安になるとしても、先が見通せないということ、これから先の人生で何が起こるかがわからないということを前提に生きるしかありません。

しかし、何が不安かも自明ではありません。先が見えないからといって誰もが不安になるわけではないというのも本当です。むしろ、これから起こることがわからない方がワクワクするという人はいるでしょう。

不安なあなたに

哲学者のアラン・ド・ボトンは、不安とは何かという問いに対して、次のように答えています。

「不安とは、未知、もしくは制御不可能なことに対して、必死に対処・コントロールしようとする心の動きです。しかし、現実をコントロールしようとする試みは失敗する運命にあります」（「絞首台の希望」『新しい世界』所収）

未知なこと、制御不可能なことをコントロールできないのは本当です。しかし、コントロールできないといってしまうと話はそこで終わってしまいます。死は未知なものですが、その事実を受け入れただけで死の不安が解消されるわけではないでしょう。ボトンは、「不安をコントロールするのは不可能だと、私たちは気づくべきです」（前掲インタビュー）といっていますが、これは私の考えとは違います。

ボトンは古代ローマのストア派の哲学者たちが、平和に生きるためには「すべてがうまくいく」などと考えないことだと説いたといっています。これはたしかにそうです。このような楽観的な考え方には私も与《くみ》しません。

しかし、ボトンが次のようにいっていることには首肯《しゅこう》できません。

「心に平安をもたらす唯一の方法は、最悪のシナリオを想定することです。そうすれば何が起ころうとも、大丈夫。なぜなら、最悪の事態を受け入れる準備がすでにできているのですから」（前掲インタビュー）

私も根拠のない楽観論には立ちませんが、もう少し前向きに生きることはできると考えています。

本書では、まず不安が一体どういうものかを考察し、次にどんな不安があってどうすれば不安を克服しそこから脱却できるかを考え、最後にこの不確実な時代をどう生きていけばいいかを考えてみます。

ある本にこんなことを書いたことがあります。

「夜中にふと目が覚めた時に心臓の高鳴りを聞いて、自分が今し方まで死の間近にいたことに思い当たらなかった人はないだろうか」（『アドラー　人生を生き抜く心理学』）

校正紙に「私は（そんな経験は）ない」と編集者が書き込んでいるのを見て、私は世の中には私のように不安にならない人もいるのだと驚きました。私は身体のことだけでなく、今の世の中に起きていることを思って不安になると夜中に目が覚めることがあります。本書を私は不安で眠れない夜を過ごしたことのある人のために書きました。少しでも心穏やかな日々を過ごせることを願って。

二〇二一年五月

著者

目次——不安の哲学

第一章 不安の正体

第二章 パンデミックと不安

第三章

対人関係の不安

第四章 仕事の不安

第五章　病気の不安

第六章　老いの不安

第七章　死の不安

第八章　どうすれば不安から脱却できるか

DTP：アルファヴィル・デザイン

第一章

不安の正体

不安の対象は無

デンマークの哲学者キルケゴールは不安の対象は「無《む》」であるといっています（『不安の概念』）。これは日常的な言葉でいえば「何となく不安だ」ということです。あれやこれやの出来事によって不安になるのではなく、何でもないこと（無）が人を不安にさせるのです。

これに対して、恐怖はある特定のものに関係します。大きな犬が近づいてきた時、大地が揺れる時に起きる感情は、恐怖であって不安ではないということです。

大地の揺れが収まればほどなく恐怖はやみます。しかし、また地震が起きるのではないかと思う時に起きる感情は恐怖ではなく不安です。特定の日時に起きる地震についての恐怖ではなく、漠然とまたいつか地震が起きるかもしれないと思って不安になるのです。直近に経験した地震があまりに大きくそのため強い恐怖を感じたとしたら、この不安も大きなものになるでしょう。

恐怖と不安のどちらが厄介かといえば、対象がない何となく感じる不安です。そのような不安は本来なくてもいい感情ですが、ずっと付き纏《まと》うことがあるからです。

それでは、不安はただ主観的なもので、気持ちの持ちようで解消できるようなものかといえばそうではありません。

今の世には不条理なことが多々あります。そのようなことがなければ不安を感じることはないでしょう。不条理で理不尽なことがあっても、目を瞑れば不安は解消するわけではありません。もっとも不安になるだけでは何も変わりません。どう対処すればいいかも少しずつ考えていきます。

不安には目的がある

アドラーは不安の原因ではなく、その目的が何かを考えます。アドラーは、仕事や対人関係のように生きていくにあたって避《さ》けることができない課題を「人生の課題」といい、不安はこの人生の課題から逃《のが》れるために作り出される感情であるといいます。言い換《か》えると、不安の目的は人生の課題から逃れることです。

先にキルケゴールが恐怖と不安を区別しているのを見ましたが、不安には対象がありません。なぜ不安になったのかと問われた人はその原因を答えるでしょうが、恐怖とは違って本来不安には対象がないのですから、持ち出される原因は何でもいいのです。

不安がこのように何かに引き起こされるものでなければ、何かの出来事に遭ったからとか、何かを経験したから不安になったというふうに因果関係で見ることはできません。

不安があまりに強ければ生きることは困難になります。病気や災害というようなことでなくても、対人関係に疲れてしまって、人との関わりを避けようと思う人がいます。これがまさに不安の目的です。

アドラーは次のようにいっています。

「人がひとたび人生の困難から逃げ出す見方を獲得すれば、この見方は不安がつけ加わることによって強化され、たしかなものになる」（『性格の心理学』）

人生の課題に何らかの仕方で一度も躓かなかった人はいないでしょう。仕事や学生の勉強では必ず結果が出ます。さらに、結果が出たら評価されますが、自分が望む、あるいは他者から期待されていると思う結果を出せないと思って、課題に取り組まない人がいます。課題に取り組まなければ結果は出ない、したがって評価されないからです。後に見ますが、評価は結果についてのもので、人格についてのものではありません。しかし、自分の価値が低く評価されるくらいなら、仕事の課題から逃れようと考えます。

最初からよい結果は出せません。一度課題から逃げることを覚えたら、以後も逃げるようになります。その際、不安になれば、不安を課題から逃げるための口実にするようになります。人生の困難から逃げ出す見方が「不安がつけ加わることによって強化され、たしかなものになる」というのは、こういう意味です。

対人関係も同様に困難な課題です。なぜなら、人と関われば何らかの仕方で摩擦《まさつ》が生じるからです。人と関われば裏切られたり、憎まれたり、傷つくような経験を避けることはできません。自分が傷つくのでなくても、何気なく発した言葉が相手をひどく怒らせるということもあるでしょう。人と関わって嫌な思いをしたりトラブルに巻き込まれたりするくらいなら、最初から対人関係を避けようとする人がいても不思議ではありません。

アドラーは「あらゆる悩みは対人関係の悩みである」といっています。カウンセリングのテーマはすべて対人関係であるといっていいくらいです。

対人関係の課題を回避しようと思う時には、そうするための理由が必要です。もちろん、何の理由もなく課題を回避することはできますが、理由があった方がまわりの人も本人も納得できます。

例えば、学校に行きたくないと思ったらただ休めばいいのですが、親も教師も理由もないのに休むことを許しません。必ず、なぜ休むのかとたずねます。自分でも理由がなければ休んではいけないと考える子どもは多いでしょう。

そこで、子どもは「お腹《なか》が痛い」とか「頭が痛い」と親にいいます。しかし、親は本当はお腹も頭も痛くはないのではないかと疑います。しかし、腹痛や頭痛といった症状は仮《け》病《びょう》や詐病《さびょう》ではありません。実際に、痛いのです。

本当に痛みがあるのであれば、親は「頭が痛いくらいで学校を休んではいけない」とはいえないでしょう。子どもはそのことを知っているので、親にたずねられる前から「今日は頭が痛いから学校に行かない」というのです。

これは自分への言い訳になります。「私は本当は学校に行きたいのに、こんな痛みがあるから行きたくても行けない」。そう思えたら、身体に痛みがあっても心は痛みません。

親は子どもを学校に行かせたいと思っていても、学校に連絡をし子どもを休ませます。教師は当然理由をたずねるでしょう。この時、理由がないと親も困ります。腹痛や頭痛があるので休ませるといえば、教師は納得します。晴れて休めることになった途端、子どもの症状はなくなるか軽減します。

アドラーは、「Aだから（あるいは、Aでないので）Bできない」という論理を日常生活の中で多用することを「劣等コンプレックス」といいます。このAとして自分も他人もそんな理由があれば仕方ないと思うような理由を持ち出すのです。

今問題にしている不安もAとして持ち出されます。不安は人生の課題から逃れるための理由になるのです。ただし、腹痛や頭痛ほどには理解されないかもしれません。「今日は不安なので学校に行かない」と子どもがいっても、多くの親は理解できないでしょう。

不安は基本的には未来についての感情です。アドラーは、一度、仕事や対人関係で「人生の困難」を経験したので、また同じことを経験するのではないかと思って不安になるとは考えません。あれやこれやの出来事を経験したことが不安になる原因だとは考えないということです。

アドラーは不安について次のように考えています。先に引いた言葉をもう一度引用します。

「人がひとたび人生の困難から逃げ出す見方を獲得すれば、この見方は不安がつけ加わることによって強化され、たしかなものになる」

「人生の困難から逃げ出す」というのは人生の課題が困難だと考えてそこから逃げ出すということです。人生の困難から逃げ出そうと考えている人は不安になることでその決心を「強化」する。つまり不安がなくても、もともと人生の課題から逃げると決めているのですが、こんなに不安であれば逃げ出すしかないと思えるのです。人生の困難から逃げ出そうと考えることが先にあって、これを正当化するために不安という感情を使うということです。

仕事も対人関係もたしかに「困難」な人生の課題ですが、だからといって、誰もがそこから「逃げ出す」わけではありませんし、実際、逃げ出すことはできません。しかし、対人関係で何か困難な経験をした人はまた同じことを経験したくないと思って対人関係を避けようとします。そして、そのような人が「不安」を対人関係を避ける理由として付け加えるのです。

人生の課題から逃げるためのトラウマ

大きな自然災害や事故、事件に遭ったことを対人関係などの人生の課題を避ける理由にする人がいます。そのような出来事に遭ったために心が傷つけられ、そのトラウマ（心的外傷）が強い抑うつ、不安、不眠、悪夢、恐怖、無力感、戦慄《せんりつ》などの症状を引き起こすというわけです。

事故や災害に遭えば、そのことで心や身体に大きな影響を受けないわけにいきません。また、自分の意志に反したことを強要されたら、そのことで心を病《や》む人はいます。原発事故の後、長く避難所暮らしを強《し》いられるというようなこともあります。

アドラーは第一次世界大戦に軍医として参戦していました。人を殺したり殺されたりするというような戦場で戦争神経症を病む兵士の治療に当たっていました。

アドラーはトラウマを否定しています。

「いかなる経験も、それ自体では成功の原因でも失敗の原因でもない。われわれは自分の経験によるショック——いわゆるトラウマ——に苦しむのではなく、経験の中から目的に適《かな》うものを見つけ出す。自分の経験によって決定されるのではなく、経験に与える意味によって自らを決定するのである。そこで特定の経験を将来の人生のための基礎と考える時、おそらく何らかの過ちをしているのである。意味は状況によって決定されるのではない。われわれが、状況に与える意味によって自らを決定するのである」（『人生の意味の心理学』）

アドラーは、戦場において心を病むことがないと考えたのではありません。実際、心を病んだ兵士の治療をしていたのです。しかし、心を病むほどの苦しみを経験しても、トラウマを人生の課題を避けるための理由にしてはいけないといっているのです。アドラーは過去につらい経験をした人でも、「生きる勇気」を取り戻すことができると考えました。

このように考えたのは、人はある出来事によって誰もが同じ影響を受け、外からの働きかけに反応するのではないというのがアドラーの人間観だったからです。人はこのような意味での反応者（reactor）ではなく、行為者（actor）です（Dinkmeyer et al., *Adlerian Counseling and Psychotherapy*）。

精神科医リディア・ジッハーは次のようにいっています。

「行動に問題があっても、刺激に反応している（react）のではなく、自分自身の進化における役割、社会における位置についての考えに応じて行動している（act）」（*The Collected Works of Lydia Sicher*）

災害や事故に遭った人がそのことで大きな不安を訴え、そのことを理由に人生の課題を回避するようになるとすれば、もともとその傾向があったからです。働きたくないと常々思っていた人であれば、働かないことを正当化する理由ができたと思うかもしれません。

アドラーが次のような事例をあげています。

主人の側について歩くことを訓練されていた犬が、ある日、車にはねられました。この犬は幸い一命を取り留《と》めました。その後、主人との散歩を再開しましたが、事故に遭った「この場所」が怖いとその場所に行くたびに足がすくみ、一歩も前に進めなくなりました。

そして、その場所には近づかないようになりました（『生きる意味を求めて』）。

人間にも同じことが起こります。大きな事故や災害に遭った人がそのことがきっかけで働けなくなることがあります。この犬のように事故に遭った場所や事件に巻き込まれた場所に行くと、不安になったり、心臓の鼓動《こどう》が激しくなったり、頭痛がしたりするというような症状が出ただけだったのに、やがてその場所の近くを通りかかっただけでも症状が出るようになります。そうなると、すぐに一歩も外へ出られなくなるでしょう。

事故に遭った場所で不安になるとすれば、そのことには目的があります。アドラーが引くこの犬は、事故に遭った場所で不安になるだけでなく、その場所に近づくこともなくなりました。

人生の課題から逃れるということについて付言《ふげん》するならば、アドラーはあらゆる課題を回避することを問題にしたわけではなく、むしろ、そこから逃げなければならない課題があることを知っていたはずです。戦争神経症は神経症の一種ですが、戦場で戦うという課題は、そこから逃げたからといって非難されるようなことではありません。

決断しないための不安

アドラーは不安と恐れを同義語として使っています。強いて区別するとすれば、対象の有無で区別することができます。これについては先にも書きました。

恐れには具体的な対象があります。今は野良犬や放し飼いの犬を見かけることはないので、実際にはこのような経験をすることはないでしょうが、大きな犬が近づいてきたら恐怖を感じて逃げ出すでしょう。地震が起きた時にも恐怖を感じます。

しかし、いずれの場合も、犬や地震が恐怖の原因ではありません。大きな犬を見ても皆が逃げ出すわけではないからです。地震は怖いですが、身体がすくんでしまったら逃げ出すこともできません。

犬から逃げ出すという決心があって、その決心を後押しする感情として恐れを作り出すのです。その場から逃げ出さない時も、恐怖を感じたので逃げ出せないと説明できます。さらに、恐怖と逃げ出すという行動までのタイムラグがないので、恐怖が行動の原因のように見えますが、どうするかという決心が先にあるのです。

これに対して、不安には具体的な対象はありません。それにもかかわらず、漠然とした不安に駆《か》られます。不安な人は恐れる人とは違ってすぐに行動に出ることもありませんが、アドラーの言葉を使うと「ためらいの態度」を取ります。ためらう人は、「おそらくすぐに震えたり、そこから逃げ出すことはないだろう。しかし、彼〔女〕らの足取りは次第にゆっくりとしたものになり、あらゆる言い訳と口実を見つけ出す」（『性格の心理学』）のです。

何か決断をしなければならない時には、何か問題は起きないだろうかとこれから起こるであろうことを予想して不安になります。

今の仕事は自分には向いていないし、職場の対人関係もよくないので会社に行くことが本当につらいという人は転職しようと思うでしょう。しかし、今よりも条件のよい会社に移れるという保証はありませんし、新しい会社でも今と同じような煩わしい対人関係を経験することになるかもしれないと思うと、決断を先延ばしにしてしまいます。

これからどうしたらいいかと相談を受けることはよくありますが、私の助言を聞いて「はい、わかりました。でも」という人は多いです。「でも」といった人は今の例でいえば、転職しようという気持ちとしないでおこうという気持ちが拮抗《きっこう》しているのではなく、初めから「しない」と決めているのです。だから、「でも」という人が決心を翻《ひるがえ》すことはありません。そのような人は、「しない」という決心を正当化、あるいは強化するために理由を作り出します。それが不安です。

何が起こるかわからないので不安だというのです。しかし、不安になるから決断をためらうのではありません。決断しないために不安になるのです。不安にならなければ決めるしかありませんが、迷っている間は決めなくていいのです。しかし、迷うのをやめた時、決めなければなりません。決断を先送りするためには、これからのことを思って不安にならなければいいのです。不安は決断しないために作り出される感情なのです。

今の仕事を続けるか辞めるかが目下直面している人生の課題ですが、その課題を前にして足取りは次第にゆっくりしたものになり、ついには立ち止まってしまいます。この場合の不安の目的は、決断しないこと、少なくとも、すぐに決断しないことです。

決断をためらう時に起きる不安、決断しないために必要な不安はどうすれば解消できるか。決断しさえすればいいのです。

課題を避けるための不安

課題から逃げようとする人が過去や死のことを考えるとアドラーはいいます。

「興味深いのは、この解釈を確かめるように、これらの人が、しばしば好んで過去や死のことを考えるということである。過去も死もほぼ同じ作用を持っている。過去のことを考えるということである。過去のことを考えることは自分自身を『抑圧する』ための目立たない、それゆえ、非常に好んで用いられる手段である」（『性格の心理学』）

不安というのは本来、未来に関係する感情なのに、アドラーはここで「過去」のことを考えるといっています。

自分がしたことが確実にわかっていることであれば後悔します。しかし、実際に自分がしたかどうかわからないことについては不安になります。

過去に経験したことをまた経験するのではないかと思って不安になることもあります。過去のことを持ち出す時、トラウマになるようなつらい経験である必要はありません。過去に失敗したことを思い出し、また今度もうまくいかないかもしれないと考えて不安になり、新しいことをするのをためらってしまうのです。

また、過去に自分が行ったことが今になって発覚し、そのことがこれからの自分の人生に影を落とすことになるかもしれないと不安になるということもあります。

他方、過去の体験がつらいものではなく、むしろ、よきものだった人がいます。アドラーは第一子について、次のようにいっています。

「第一子は、通常、何らかの仕方で、過去への関心を示す。過去を振り返り、過去について話すのが好きである」(『人生の意味の心理学』)

ただし、その過去は弟や妹が生まれる以前の過去です。弟や妹が生まれるまでは、親の愛情、関心、注目をすべて受けることができた王子様、王女様でした。

他方、第一子は未来については悲観的です。

「(第一子は)過去の崇拝者《すうはい》であり、未来について悲観的である」(前掲書)

第一子は王座から転落するのです。第二子が生まれたために、それまで自分だけが受けていた親からの愛情、関心、注目を奪われてしまったのです。過去の栄光は奪われました。

大人になってからも、その時と同じ経験をまたするかもしれないと思った第一子は不安になります。何かの地位に就いたとしても、「他の人が自分の地位を奪い、王座から下《おろ》すという意図《いと》を持って後ろから近づいてくるのではないかといつも疑うようになる」(前掲書)。

ライバルが出現するかもしれないと不安になるのです。過去に王座から転落したので、このようになるのではありません。同じ第一子として生まれ育った人が皆過去の崇拝者となってライバルの出現を恐れるようになるわけではありません。しかし、ライバルが現れるかもしれないと思って不安になる人は、子どもだった時も今も人を替えて同じことをしているのです。

誰かのことを好きになっても恋愛関係の中に積極的に飛び込んでいこうとはしません。子どもの頃と同じように、ライバルが自分の地位を危《あや》うくするかもしれないと思った途端ブレーキをかけます。そして、相手の言動に自分への関心が最初ほどではないという証拠を見つけ出そうとします。幸か不幸かそのような証拠はすぐに見つかります。そうすると、実際には相手の気持ちが何も変わっていないのに、自分から別れを切り出します。そして、いつも私はこんなふうに愛されなくなると思います。

「死や病気を恐れることが、どんな仕事もしないで済ませるための口実を見つける人において起こることも稀《まれ》ではない」（『性格の心理学』）

仕事をしなければ生きていけませんが、できるものなら仕事をしないですませられたらと思う人はいます。仕事そのものがつらい人もいるでしょうが、仕事で人と関わるのが煩わしいという人もいれば、結果が出ることを恐れる人もいます。そのような人は、評価されないために仕事をしない、少なくとも、積極的に仕事に取り組まなくなります。もっと頑張ったらいい結果を出せるのにというためです。もちろん、可能性を語ることなら誰にでもできます。

ここでアドラーは死と病気をあげていますが、死や病気が人を不安にし、不安のために仕事が手につかないという人がいても、死や病気が理由でなくてもいいのです。先に見たように、不安の対象はなく、不安は仕事ができない原因ではなく、仕事をしないという目的のために使われる理由だからです。

こんなに苦しいのなら死んだ方がマシだと思う人がいます。漠然と生きているのが嫌だという人もいます。そのような人は課題の達成が困難だと思い、失敗することで自尊感情(プライド)や威信を失うことを恐れます。課題に取り組めば結果が出ます。望む結果、他者が期待するような結果を出せないくらいなら結果を出さないために課題から逃げるのです。

このような人が本当に望んでいるのは死ではありません。自分が直面する課題を放棄したいのです。アドラーはこのように分析し、人生の課題を回避するために持ち出される口実を「人生の嘘」と呼んでいます(『個人心理学講義』)。このような場合、死や病気を恐れることの目的は「人生の課題」から逃れることです。

さらに、過去に経験したことが原因で将来病気になるのではないかと不安になる人もいます。大阪の池田《いけだ》であった児童殺傷事件の後、ある精神科医がテレビのインタビューに答え、次のように話していたのを聞いたことがあります。今回の事件に関わった子どもたちは、今は何もなくても、人生のいつかの段階で必ず問題が起こるというのです。

そのことを聞いた人は何か問題が起こった時、小学生の時に遭遇した事件が原因と考えるかもしれません。しかし、過去の経験と今の問題には因果関係はありません。今起きている問題、例えば親子関係やパートナーとの関係がうまくいかないことの原因を過去の経験に求めるのは、自分には責任がないと考えたいからです。すべては過去のあの事件のせいだ、そう思った人は関係改善のための努力をしないでしょう。

「あるいは、彼らはたしかにすべてが虚《むな》しく、人生はあまりに短いこと、あるいは、何が起こるかを人は知ることができないことを強調する」(前掲書)

死ねば何もかもおしまいだ、何かするには人生はあまりに短すぎるといって、死によって何もかも終わりになること、人生が短いことを人生の課題から逃れるための理由にする人もいます。短いというのであれば、今すぐに始めるしかありません。死については後に考えますが、死ぬと何もかも終わりになるかはわかりません。

また、これから何が起こるかを知ることができないといいます。これについては先に見ましたが、これから起こることはわかりません。しかし、何が起こるかが確実にわかっていたら生きる甲斐もありません。これから何が起こるかを知ることができないという人は、きっと知ることができたら生きる甲斐がないというでしょう。

人を支配するための不安

不安が人を支配するために使われることもあります。不安には「相手役」がいます。不安は心の中に起きる感情ではなく、それが向けられる人がいるということです。一人で寝ていた子どもが夜中に目を覚まし、横に親がいないことに気づき突然泣き出すことがあります。誰もいないので不安になって泣き出した。親はそう思うでしょうが、これが間違いであるのはすぐにわかります。

なぜなら、電気をつけても泣き止まないからです。親を自分に仕えさせ、親を支配すること。これが子どもの不安の目的であり、親が子どもの不安の相手役です。

これは子どもだけではありません。大人も同じです。不安を訴える人を放っておくことはできません。とりわけ、死にたいと訴える人を放っておくことはできません。

アドラーは他の人を「搾取《さくしゅ》の対象」にする人について語っています。他の人に関心を持っている人は、悲しんでいる人や苦しんでいる人に何か自分ができることはないかと考えます。自分からは与えることはなく、いつも人から援助を受けても当然だと考える人は、援助しようとする人を搾取の対象にし、そのような人の貢献感を奪い取ろうとするのです。

「誰かを自分の人生のために支えとして求める人が常に問題である。他者がただ不安な人を支えるためにだけいるかのようでも、実際には、そのことは、支配的関係を確立する試みに他ならない」（『性格の心理学』）

アドラーは、不安を訴え助けを求めようとする人と、助けたいと思う人との間に支配的関係ができると見ます。助けを求める人が支配するのです。

不安は最初は人を自分の元に引きつけますが、いつまでも自力で何もしようとしなければ、力になろうと思っていた人も離れていってしまいます。

誰もが子どもの時には親の不断の援助が必要です。自分が無力であると思っている子どもは夜中でなくても不安になることはあります。それでも、少しずつ自力でできることは増え、親の援助がなくても大抵のことができるようになります。

しかし、成長の過程で自立することに失敗することがあります。このことには親の対応にも関係があります。子どもが本来自力でしなければならないこと、できることまで親が肩代わりするからです。

「子どもは、その安全ではない状態から抜け出そうと努力する時に、失敗し、悲観的な人生観を持つという危険が常にある。その際、まわりの人の援助や配慮を当てにする性格特徴が発達する」（前掲書）

何をしてもうまくいかない、失敗するという悲観的な人生観を持たないようにする援助は必要です。どうすれば援助ができるか。自分としても、どうしたら悲観的な人生観を持たないですむかは後で考えてみます。

形而上的不安

哲学者の三木清《みききよし》は、憂鬱、低徊、焦燥などの日常的な心理とは区別して「形而上的不安」について論じています（「シェストフ的不安について」『三木清全集』第十一巻所収）。

何事もなければ、大抵の人は自分が生きることについて何の疑問を抱《いだ》くことはありません。明日という日がくることを何ら疑問に思わず、何十年先までの人生設計もします。

「人生百年時代」と聞くと老後の心配をします。そのような人は長生きすることを願い長生きできると思いたいでしょうが、実際には老後を生きられるかはわかりません。五十歳の誕生日を迎えた人が、人生の折り返し点を過ぎたといっているのを聞いて、どうしてこれからまだ五十年生きられると無邪気に思えるのだろうかと驚いたことがあります。

これまでの人生で大きな病気をしたことがなかったので、自分も長生きをするだろうと漠然と思っているのでしょうが、実はもうとっくの昔に折り返し点を過ぎているかもしれないからです。

しかし、そのように何の根拠もなく長生きするだろうと思っていた人でも、ある日突然高熱のために起き上がれなくなったり、大地が大きく揺れたりすると、たちまち不安になります。新型コロナウイルスのために、それまで当然のように送れていた生活ができなくなるなどとは誰も予想していなかったでしょう。

ただ従前の生活ができなくなるだけではありません。これまで病気とは無縁で健康だった人でも、いつ感染するかもしれません。そうなると、人生の折り返し点を過ぎたなどとはいっていられなくなります。もっとも、何があっても少しも動じることなく他人事《ひとごと》のように生きられる人はいるでしょうし、そのような人は本書を手にすることもないでしょうが。

フランスの哲学者パスカルはこんなことをいっています。

「人間を押し潰すには全宇宙が武装する必要はない。蒸気、一滴の水でも人間を殺すのに十分である」（『パンセ』）

世界を震撼《しんかん》させる新型コロナウイルスは肉眼では見えず、どこに潜んでいるかもわかりません。それなのに、人間の生き方を一変させました。このウイルスは人間の身体に侵入して増殖しますが、人間を攻撃する意図はありません。

ウイルスと戦うとか、ウイルスとの戦いに勝利するというような言い方がされることがありますが、ウイルスが敵でなければ戦争にはなりません。宇宙は人間を押し潰すためにコロナウイルスで武装して人間に戦いを挑んでいるわけではないのです。

しかし、ウイルスが人間に戦いを挑む意図がなくても、自分もいつ何時《なんどき》感染するかわからないと不安になったり、実際に感染したりすると、三木の言葉を使うならば、「我々がその上にしっかり立っていると思っていた地盤が突然裂《さ》け、深淵《しんえん》が開くのを感じる」（「シェストフ的不安について」）ことになります。

感染症に限らず、どんな病気になってもそう感じますし、また事故や災害に遭った時にも、また実際に事故や災害に遭わなくてもそのような目に遭う可能性があると思っただけでも不安になります。

その時、常は覆《おお》われていた現実を知ることになります。それまでは人生はずっと続くと思っていたのに、そうではないかもしれない、当然のように長生きできると思っていたけれども明日という日がこないかもしれないということです。この現実を知り、先のことが見えない闇の中でこれから一体どうなるのだろうという不安を感じた時、自分の人生が「無」の上に立っていることを知ります。三木はこの無を「闇」とも「虚無」とも呼んでいます。

この不安は災害や事故に遭ったり病気になるというような何か特別の経験をしなくても、人間のあり方それ自体によって起こるものです。三木は、自然における我々の存在は「中間者」であるといい、自然における人間は「無限に比しては虚無であり、虚無に比しては全体である、それは無と全とのあいだの中間者である」（『パンセ』）というパスカルの言葉を引いています（『パスカルにおける人間の研究』）。

無限に大である宇宙全体の中では、人間は知覚できないほど虚無に等しい小さな存在です。他方、虚無ともいえるミクロの世界においては、人間は巨体であり一つの全体だといえます。

このような三木がいう形而上的不安を持つことは、人生の現実を知ることであり、反対に、もしもこの不安を感じないのであれば、人生の現実が見えていないということです。現実を知ることは怖いことですが、その現実を出発点にしていかに生くべきかを考えるしかありません。

生の現実から転じさせる慰戯

先の人生が見えると思っている人は、これまでの人生で挫折経験をしたことがないのかもしれませんが、「深淵が開く」ようなことが決して起こらないと思っているわけではないでしょう。人生が地盤の上にしっかり立っているのではなく、無の上に立っていることを知っているのに、それを認めたくないだけかもしれません。

何も持たなければ何が起きても動じることはないでしょうが、挫折のない人生を送り成功を収めてきた人であれば、持っているものを失うことを何も持っていない人よりも恐れるに違いありません。

そこで、不安から目を背《そむ》けるために、不安になってもすぐに忘れられるように、パスカルの言葉を使うと「慰戯《いぎ》」（divertissement）に夢中になります。慰戯は生《せい》の現実から目を転じさせる（divertir）からです。三木は次のようにいっています。

「すべての慰戯に共通な理由は、我々の在《あ》るがままの惨めな状態から我々の眼を転じさせて（divertir）、これを他に向かわせようとする生の衝動にある」（『パスカルにおける人間の研究』）

慰戯と訳したdivertissementは、「気晴らし」や「娯楽」とも訳せますが、三木は生活と娯楽という対立を払拭しなければならないといっています。

「生活を苦痛としてのみ感じる人間は生活の他のものとして娯楽を求める」（『人生論ノート』）

しかし、三木は「生活を楽しむことを知らねばならぬ」（前掲書）といい、生活自体に楽しみを見出せたら、生活とは別の娯楽を求めなくていいと考えます。娯楽によって不安から目を背けなくても生活を楽しめるからです。

とはいえ、災害に遭うとか病気になるというようなことでなくても、これからの人生で何が起こるかが見えなければ不安になります。不安であれば生活を楽しむことはできません。不安にどう向き合えば、生活を楽しむことができるか考えなければなりません。

第二章

パンデミックと不安

パンデミックの何が問題か

目下、世界を席巻している新型コロナウイルスの感染拡大は大きな不安を掻《か》き立てます。新型コロナウイルスが蔓延《まんえん》する世界で、どうすれば希望を持って生きることができるか考えなければなりません。

パンデミック（pandemic）という言葉が使われますが、これは新型コロナウイルスのような世界の複数の地域で同時に流行する病気について使われる言葉ですが、「すべての人々」という意味の pandemos という古代ギリシア語が語源です。

今、起こっていることは一つの国だけに降りかかった災《わざわ》いではなく、すべての人に降りかかった災いだということです。一国の感染対策の失敗はその国だけの問題ではなく、全世界にその影響は及びます。これから一体どうなるのかという不安も世界のすべての人に共有されています。

このコロナ禍において楽観的な人もいます。ワクチンを投与すれば、不安はたちまち解消するというのです。しかし、投与以前にワクチンそのものが迅速に供給されるかが問題です。もちろん、このウイルスもいつか新型ではなくなる日はくるでしょうが、それが今日や明日でないのであれば、すぐに収束しないことを前提にどう生きるかを考える必要があります。

楽観的な人は、今起こっていることを他人事としてしか見ていません。自分だけは感染することは決してないと思っている人は、感染のリスクがあっても経済は回していかないといけないというようなことをいいます。当然、生活していけるように政府が施策を講じなければいけませんが、生命と経済を天秤《てんびん》にかけ、経済を優先するのは間違っています。

しかも、経済を回すという時の経済が一部の人の利益でしかないように見えます。リスクがあってもしなければならないことなどありません。誰かが感染し、そのために死ぬことがあっても仕方がないという考えは危険です。誰も他者のために犠牲になってはいけないからです。

普通の人は、今は何の症状もなく元気でも、日ごとに感染者数が増しているというニュースに接すると、自分もまたいつ何時感染するかわからないとか、既に感染しているかもしれない、さらに重症化して死ぬかもしれないという不安に駆られます。今は誰もが可能的に病者であるといえます。発症していない病者という意味です。自分だけは決して感染しないという根拠のない自信がある人でも、家族や職場の同僚が感染すると不安は大きいものになります。

誰もが可能的に病者であるというのは、他の病気についてもいえます。若い人や健康な人でもいつ何時病気になるかわかりません。元気に働いていた人であっても、発症すると仕事ができなくなります。病気が治れば職場に復帰できますが、非正規の仕事であればそれも叶いません。職を失えば、生活できなくなると不安になります。

他の病気もいつ治るかという予想はつきませんが、それでも一般的なケースに照らせば、治るか治らないか、治るとすればどれくらい時間がかかるかある程度はわかります。しかし、その場合も、あくまでも一般的なことしかわからないので、すぐに治ると思っていたところ、重症化したり死に至ることもあります。未知のウイルスの場合は、専門家でもわからないことがあるので、急に悪化することもありえます。

コロナウイルスの場合に問題なのは、まず、感染がいつまで続くか予想することが難しいことです。ワクチンの接種が始まったことも安心材料にはなりません。感染防止にはつながらないようですし、そもそもワクチンが供給されなければ投与もできません。こうなると、一体、いつになれば元の生活に戻れるか誰にもわかりません。

次に、他の病気とは違って、感染することが問題です。風邪のようなものだとか、他の病気と比べて死者が格別多いわけではないという人はいますが、コロナウイルスがどういうものかと考えていようが感染します。感染するとその人から他の人に感染します。

ペストが猖獗《しょうけつ》をきわめた十六世紀後半から十七世紀にかけてのイギリスでは、幸福な人間はペストにかからない、心が幸福な状態であれば病気は避けられると信じられていました。不屈の胆力と精神力があれば感染を防ぐことができ、意志の力で病気を治せる、と。

コロナウイルスについていえば感染しないと考える人は今も多いですが、アメリカの作家スーザン・ソンタグは、現代は、病気を心理学的に説明することを偏愛し、「心理学を持ち出しさえすれば、病気のような人間が実際にはほとんど、あるいは、まったくどうすることもできない経験や出来事を制御できると思うらしい」といっています（Susan Sontag, *Illness as Metaphor and AIDS and Its Metaphors*）。

しかし、「物質的でしかない現実」である病気をこのように心理学的に理解することは、病気の「現実性」（reality）を損《そこ》なうことになるとソンタグは指摘します。

第三に、人は「ただ」病気になるのに、意志薄弱だったからとか、また神から罰せられたのだというふうに、病気になることに余計な意味を付与することがあることです。コロナに負けるというのも同じです。そうすると、コロナウイルスに感染した人が社会的な制裁を受けることになります。コロナ禍においては行動が制限され、それでも感染するかもしれないという不安の中で生きなければならないだけではなく、感染すれば人からどう思われるか、社会的な制裁を受けることになるかもしれないという不安があります。

どれほど感染予防のために必要なことをしていても、絶対感染しないということはありません。その意味で、感染は不可抗力です。それなのに、人に迷惑をかけたと感染したことを苦にする人がいます。実際、感染した人は責められます。

このことは感染した人を苦境に陥《おとしい》れます。皆に迷惑をかけたと自ら命を絶った人がおられました。どれほど用心しても防ぎようがないので不可抗力といっていいのですが、外出してはいけないのに外出して感染したとか会食したのだから、感染は自己責任であると非難されます。感染するとわかっているのにマスクをしていなかったとか会食をしたのだから自業自得だというふうに考える人もいるでしょう。しかし、実際には多くの場合、感染経路はわかりません。

感染者と接触した人も濃厚接触者と判定されたら出勤できなくなったりするので、それによって大きな迷惑を及ぼすことになります。もちろん、「迷惑」というのも歪《ゆが》んだ意味づけがされた言葉です。そうすると、ウイルスに感染した人は回復しても謝罪しなければならないことになります。好んで感染する人がいるはずはないのですから、謝罪する必要はないはずです。他の病気であれば、治療のために入院していた人が退院すれば、喜んでもらえるのとは大きな違いがあります。

愛する人を亡くした人が「コロナウイルスが憎い」と話しているのを聞いたことがあります。ウイルスは人間の身体に侵入して増殖しますが、攻撃する意図を持っているわけではありません。

病気は古来、悪の隠喩《いんゆ》であり、医療者のみならず社会全体が病気と「闘う」という軍事的隠喩を用いてきました。ウイルスについていえば、ウイルスは人間にとって敵ではないので、戦うべき対象である敵がいなければ、戦争にはなりません。病気を憎むことや、病気を征圧するべき「闘う」相手と見なすことは、やがて病気のみならず、病気の人にもスティグマ（汚名）を着せることになります（Susan Sontag, *op.cit.*）。

ウイルスだけでなく、ウイルスに感染した人もスティグマが着せられると、感染した人は憎しみの対象になり、感染したことで責められることになります。感染した人は、回復しても謝罪しなければならなくなります。

感染するかもしれないという不安よりも、社会的制裁を受けるのではないかという不安の方が大きいといっていいくらいです。まず、この不安についていえば、誰もが感染しうるのだから、謝罪することをやめなければなりません。

何ができるか

コロナウイルスについては不安を感じないために真実から目を背けることは得策ではありません。怖いからといって目を瞑っても、怖いものがなくなるわけではないからです。不安から逃れようと思い、真実から目を背けること、根拠のない楽観主義を生きることはかえって不安を増幅させることになります。そうならないために何ができるか。

まず、真実を知ることが必要です。これはどんな病気についてもいえます。自分の病状について真実を知ることは怖いです。しかし、真実を知って初めて適切に対処することができるのです。

とはいえ、必ず感染するとは限りませんし、感染しても重篤《じゅうとく》化するとも限りません。他方、若い人でも重篤化するということがわかってきたので、決して楽観的な希望を持てないのも本当です。症状がなくても既に感染していて、他者に感染させているかもしれません。

ウイルスのことについては、専門家でなければ口出しをしてはいけないという風潮があります。もちろん、これはその通りで、専門家でない人が誤った情報を流し不安を煽《あお》るようなことがあってはいけません。

しかし、目下得られる情報がたとえ専門家が語るものであっても正しいとは限りません。未知のウイルスなので、誰もが判断を誤ることはありえます。その上、問題は政治家が常に専門家の知見に依拠して感染予防対策をしていないということです。生命より大事なものはないはずなのに、生命を犠牲にして経済政策を優先することがおかしいのは専門家でなくてもわかります。

次に、過剰に悲観的にならないことです。風邪のようなものだという人は、自分や家族が感染することなどまったく眼中にないように見えます。あまりに楽天的な人は今できることをしません。他方、何をしてもどうにもならないと考える悲観的な人も何もしようとはしません。コロナウイルスは台風のように待っていたら去っていくようなものではないのです。

第三に、今は仮の人生ではないということです。コロナが収束すればまた元のような生活ができるでしょう。しかし、それまではいろいろな我慢を強いられる本来の人生であると考えないということです。

反対に、今が非常時であると考えることも問題です。今までも本当は先の人生は見えなかったはずなのに、見えるような気がしていたのです。それでも、病気になるなどして人生についての見方を変えた人はいます。

これまでとは違うことがあるとすれば、可能的な病者という言葉を先に使いましたが、感染するかもしれないと不安になったことで、多くの人が同時に病気にならなければ知ることができなかったことを知ったということです。そのため、生き方を見直すことになったとすれば、他の病気の時も同じですが、元に戻ってはいけないのです。

コロナ後の問題

今の状況がいつまで続くのかはわかりませんし、パンデミックはこれが最後ではありませんが、一点、今もコロナ後を見据えて考えておくべきことがあります。私が危惧《きぐ》するのは、強いリーダーが現れることです。

アドラーは、「激動の中にある不安の時代」に強いリーダーが現れることを許容しているように見えます。そのようなリーダーを「横柄《おうへい》」といい、「あまりに敵対的な攻撃と活動性がなければ」（『性格の心理学』）といっていることからすると手放しで肯定しているわけではありませんが。一時的であれ、常とは違うリーダーが必要であるとするのは次の理由で問題だと私は考えています。

強いリーダーにとっては、

「人生は『どうすれば私はすべての人よりも優ることができるか』という永遠の闘いでしかない」（前掲書）

のです。

ここで「すべての人よりも優る」というのは、「すべての人の上に立つ」という意味です。

「国民が激動の中にある不安な時代にあっては、このような性格の人が現れるが、彼〔女〕らが上層に昇ってくるのはそもそも当然である。なぜなら、彼〔女〕らは〔支配にふさわしい〕振る舞い、態度、憧《あこが》れを、さらに大抵、必要な準備と思慮《しりょ》も持っているからである」（前掲書）

たとえ、そうだとしても今は特別な時代だからと「横柄」なリーダーを許容するのは危険です。本当に優《すぐ》れたリーダーであれば、「平穏な時」であろうと「不安」の時代であろうと、リーダーは上に立つ必要はありません。

コロナ禍において、生命と自由が対置され、感染拡大を抑える強いリーダーが支持されることがあります。そのようなリーダーの下《もと》、ロックダウン（日本では行われていませんが）などで個人の自由が制限されます。私が危惧するのは、一時的にでも強い権限を持った政治家など指導者が、今後パンデミックが収まっても力を手放さないのではないかということです。

さらに問題はそのようなリーダーが支持されるのは、常に一番の役割を演じすべての人の上に立とうとするリーダーに進んで服従する人がいるからです。このような人をアドラーは「卑屈な人」といいます。

「そのような人は、身をかがめ、他の人に注意を向けるが、聞いたことを熟考するためではなく、同意し、それを実行するためである」（前掲書）

卑屈な人は命令されないと何もしません。服従することが「人生の法律」です。そのような人が先に見た横柄な人に喜んで服従しようとし、自分たちを支配する人に過剰な評価を与えます。それゆえ、上に立つリーダーは適切な評価をされていると思い間違ってしまいます。

リーダーを過剰に評価する人は、もしも問題が起きればリーダーを責めます。政治家にいわれるまでもなく、自助、共助によってしかコロナ禍を乗り切ることができないといっていいくらいですが、本来的には、協力し問題に向き合わなければなりません。対等な関係でなければできないことです。

上に立とうとする人は「深淵の前に立つ人」だとアドラーはいいます。彼〔女〕らも誤ることがあるということですが、危険を顧《かえり》みずに深淵に向かってジャンプされたらかないません。

第三章

対人関係の不安

対人関係から逃れるために

アドラーが「あらゆる悩みは対人関係の悩みである」といっているのは先に見た通りです。たしかに対人関係は煩わしく、人と関われば何らかの仕方で摩擦が起きることを回避することは難しいです。そこで、対人関係を避けようとする人がいても不思議ではありません。人と関わると思うと不安になる人はいるでしょうし、アドラーの考えに則していえば、対人関係を避けるために不安を作り出すのです。

そうすると、この不安は「人生の課題」から逃げ出すことを正当化します。不安だから人生の課題に取り組めないと他者を納得させ、自分も納得できます。こんなに不安になるようではその課題を避けるしかないと考えるために、不安は必要になるのです。これは学校に行きたくない子どもが腹痛や頭痛を学校に行かない理由にするのと同じです。

対人関係で困難な経験をしたから不安になったのではなく、対人関係を避けるために不安を作り出す。これが不安になることの目的です。対人関係での困難を避けたい人がそうするための理由として不安を持ち出すのです。対人関係の困難は対人関係を避けるきっかけでしかありません。

大阪の池田であった児童殺傷事件の後、ある精神科医がテレビのインタビューに答え、今回の事件に関わった子どもたちは、今は何もなくても、人生のいつかの段階で「必ず」問題が起こるといったことを先に見ました。

「必ず」ではありませんし、事件に遭遇したことが原因で問題が起こるわけではありません。この事件に遭った時に幸い傷つくことがなかった小学生が成人し、結婚したとします。ところが、結婚生活がうまくいかなくなった時に、この事件に居合わせたら「必ず」問題が起きるといわれたことを思い出すかもしれません。

しかし、事件の現場に居合わせたことが二人の関係がうまくいかないことの原因ではありません。問題なのは、二人の「今」の関係のあり方です。過去にどんな経験をしたかは今の二人の関係にはまったく関係がありません。

過去に経験したことに今の問題の原因を求めるのは、アドラーの言い方を使えば、「見かけの因果律」です。「見かけの」というのは、因果関係があるように見えても、実際には「ない」からです。

こんなふうに過去に囚《とら》われて、あの時の経験が今の関係がよくないことの原因だと考えたら、どんなに努力しても甲斐はないと考えて、「今」の関係を改善する努力をしなくなるかもしれませんし、そのように考えることは、先にも見たように、今の関係がよくないことの責任を過去の経験に転嫁《てんか》することです。そもそも、二人の関係なのに、「一人」の「過去」の経験が「二人」の「今」の関係がうまくいかないことの原因であると考えるのはおかしいでしょう。

話を戻すと、対人関係がどれほど煩わしくても、誰とも関わらずに生きていくことはできません。それにもかかわらず、対人関係を避けたい人が、不安を対人関係を避けるための口実にするのです。

先に車にはねられた犬の事例によって、トラウマを人生の課題を回避する理由にすることとの問題を見ました。事故に遭った場所に行かなければ、その場所では事故に遭わないでしょうが、他の場所で事故に遭うかもしれません。しかし、事故に遭ったのは「自分の不注意」「経験のなさ」によるものだと考えたら、別の場所でも事故に遭わないために何ができるかがわかります。

パートナーとの関係がうまくいかない時に、過去のことを問題にできないわけではありません。ただし、因果関係のない出来事を持ち出しても、今の関係を改善することはできません。過去の対人関係、とりわけうまくいかなかった対人関係を振り返って、今も人を替えて同じことをしていないか、今ならどうすればよい関係を築けるかを考えれば、二人の関係を改善することはできます。

他者を敵と見なす目的は何か

「まわりの世界に敵対的であるような人の態度に不安の特徴を見出すのは稀ではない」
（アドラー『性格の心理学』）

アドラーは他者を自分と敵対関係にある（gegen）と見なす人と協力関係にある（mit）と見なす人がいると考えます。前者にとって、他者は「敵」（Gegenmenschen）であり、後者にとって、他者は「仲間」（Mitmenschen）です。仲間については後で取り上げます。

まわりの人が皆自分を陥れるような人であり、気を許したらひどい目に遭うような人ばかりのはずはありません。実際に敵であるのではなく、敵と見なしているということです。なぜ敵と見なすのか。そうすることに目的があります。

それは他者と関わらない、少なくとも積極的に関わらないためです。他者が実際に敵だから人と関わらないのではなく、他者と関わらないために敵と見なすのです。

他者を敵と見なすと、今はよい関係である人との関係をもふいにしてしまいます。これがどういうことなのかを恋愛を例に説明します。自分の思いが相手に受け入れられるよい関係であることを望まない人はいないでしょうが、告白したのに受け入れてもらえなかったとか、付き合っていたのに裏切られるというような経験をすると、他者を敵と見なすようになります。

新しい人と付き合い始めても、今は私のことを好きだといってくれるけれども、また同じようなことになるのではないかと不安になります。そこで、あえて関係が悪くなるようなことをいいます。「私の他に好きな人がいるのでしょう」というようなことをたずねるのです。

「そんな人がいるわけはない」という答えが返ってきても不安は消えません。否定しても何度も同じことをたずねられると愉快ではないので、やがてそういう言いがかりをつける人から心が離れていきます。

別れを切り出されると、「やはり私が思っていた通りだった、この人も私の敵だった」と思います。このような人にとっては、いつ何時関係が終わるかわからないという不安を感じながら付き合うよりも、関係が続かないことが不安を解消させることになるのです。

相手に責任を転嫁するところも問題です。つまり、私は悪くはないのに、相手に問題があったと思いたいのです。これは先に見た犬のように、事故に遭ったことの原因を場所のせいにするのと同じです。

そうではなくて、自分の対人関係の築き方に問題があるのではないかと見て、関係改善のための努力をしようと思うようになれば、不安にならないために人と関わるのを避けたりはしなくなるでしょう。できることは他者を敵と見なさないことです。敵と見なせばその証拠はいくらでも見つかるものです。嫉妬《しっと》を例に考えてみましょう。

嫉妬する人はいつも不安

付き合っている人やパートナーに嫉妬する人がいます。嫉妬する人は相手を愛していると思っているでしょうが、嫉妬している人は実は相手を敵と見なしているのです。

三木清は、嫉妬について「悪魔に相応《ふさわ》しい属性」だといっています。

「どのような情念でも、天真爛漫《てんしんらんまん》に現われる場合、つねに或《あ》る美しさをもっている。しかるに嫉妬には天真爛漫ということがない」（『人生論ノート』）

三木は他の情念については、いいところも指摘するのに、嫉妬については否定的な言い方しかしません。

愛と嫉妬に共通するのは、どんな情念よりも「術策的」で「遥かに持続的」な点です。

愛とて持続し術策が入れば、決して純粋なものであることはできません。持続しない情念は人を苦しめませんが、持続する愛と嫉妬は人を苦しめることになります。もちろん、関係がよく、愛について正しく理解していれば愛が人を苦しめることにはなりません。

さらに、三木は「烈《はげ》しく想像力を働かせる」ことも、愛と嫉妬に共通する特徴だといっています。

「愛と嫉妬との強さは、それらが烈しく想像力を働かせることに基いている。想像力は魔術的なものである。ひとは自分の想像力で作り出したものに対して嫉妬する。愛と嫉妬が術策的であるということも、それらが想像力を駆り立て、想像力に駆り立てられて動くところから生ずる。しかも嫉妬において想像力が働くのはその中に混入している何等かの愛に依《よ》ってである。嫉妬の底に愛がなく、愛のうちに悪魔がいないと、誰が知ろうか」（前掲書）

愛する人も嫉妬する人も「烈しく想像力を働かせ」ます。問題は、相手が自分を愛してくれていることを想像するのではなく、自分を愛していないのではないかと想像することです。そのような想像をする時点で愛は終わっているのですが、相手が自分ではない誰かに心を奪われているのではないかと想像する人は嫉妬し、そのように嫉妬することが、また相手も自分に嫉妬することが愛の証《あかし》だと考えます。

三木は、嫉妬が想像力を働かせるのは、そこに混入する「何等かの愛に依って」であり、そもそも愛がなければ嫉妬の感情は湧《わ》かないというのですが、愛と嫉妬とは別物であると私は考えています。

想像力を働かせる、しかも相手が自分を愛していないのではないかと想像するのは嫉妬する人だけがすることです。愛している人はそもそも嫉妬しません。想像するとしても、愛されている想像をするでしょうが、愛している人にとってはそれすら必要ではなく、自分が相手を愛していることだけが重要で、相手から愛されているかは問題になりません。

愛されていないのではないかと思い始めた人は、相手の行動を監視し始めます。監視するのでなくても、相手からの連絡の頻度を気にし始めます。前はメールを出したらすぐに返事がきたのに、この頃は次の日にならないと返事がこないというようなことです。このようなことは相手との関係を窮屈《きゆうくつ》なものにこそすれ、よくはしません。絶え間なく監視されていることを喜びに感じられるはずはありません。三木は次のようにいっています。

「嫉妬は出歩いて、家を守らない。それは自分に留まらないで絶えず外へ出てゆく好奇心のひとつの大きな原因になっている。嫉妬のまじらない無邪気な好奇心というものは如何

に稀であるか」（前掲書）

嫉妬は「出歩いて、家を守らない」「つねに多忙である」と三木はいいます。嫉妬するネタを探し回り、決して落ち着くことはないということです。

本当は愛されていても、自信がなければ、愛されていないのではないか、いつかライバルが現れるのではないかという不安に駆られることになります。これは自信がないという意味での劣等感であり、不安は相手を引き止められないと恐れている人が創り出す感情なのです。

相手を引き止めたいと思ってみても、相手は自分の所有物ではありません。アドラーは嫉妬は他者を所有物として扱う時に生じるといっています（*Adler Speaks*）。たとえ、物のように相手を自分の元に引き留めることができるとしても、相手の気持ちまで引き止めることはできませんし、相手の気持ちまで所有することはできません。

嫉妬する人は愛されていない証拠を不断に探し出そうとします。そうすると、どんなことも自分が愛されていないことの証拠に見えてきます。想像力は掻《か》き立てられ、愛されていない証拠に心を忙しくすることになります。

アドラーは次のようにもいっています。

「嫉妬は様々な形で現れる。それは不信感、こっそりうかがってはかるという特徴、軽視されているのではないかと絶えず恐れることに見られる」（『性格の心理学』）

相手のことを信じられないのです。自分よりも愛している人がいるのではないかと不信感を持ちます。「こっそりうかがってはかる」の「はかる」というのは「測る」「比べる」、つまり、自分と相手を比べるという意味です。「うかがう」というのは「待ち構える」、相手の行動をこっそりと見て、自分と他者とを比べ、どちらが愛されているかを気にかけるのです。

嫉妬の感情は、自分が愛している人を愛しているかもしれないライバルに対しても向かいます。その人が自分よりも美しいとか若いという時です。

どうしたら嫉妬しないですむでしょうか。アドラーは次のようにいっています。

「（嫉妬する人は）相手をけなすか、あるいは、相手を支配するために、誰かを束縛する努力をして、その人の自由を制限することを試みる」（前掲書）

絶えず、自分の監視下に置けば、他の人に関心を移すということはないだろうと考えます。しかし、これをすれば先にも見ましたが、二人の関係は窮屈になりやがて気持ちが離れていくことになります。

そこで、相手の気持ちが離れていかないようにするためには、相手をいかなる意味でも縛るのをやめなければなりません。しかし、相手に自由を許すことが愛の危機を深めることになります。哲学者の森有正《もりありまさ》が「愛は自由を求めるが、自由は必然的にその危機を深める」といっています（『砂漠に向かって』）。

何らかの仕方で行動が制限されると信頼されていないと相手は思います。反対に、縛られていないと感じられれば愛されていると感じます。「愛は自由を求める」というのはこういう意味です。

残念ながら、自由になるとパートナーが他の人に関心を移すことがないとは言い切れません。『テネシーワルツ』という曲があります。恋人とテネシーワルツに合わせて踊っていた時に、たまたま会った旧友に彼を紹介しました。二人がダンスを踊っている間に、その友人が自分の恋人を私から奪ったという歌です。

しかし、「必然的に」愛の危機を深めるというのは本当ではありません。むしろ、縛ることが愛を損なうからです。相手が私を愛するかどうかは相手が決めることであり、私ができるのは相手を愛することだけです。その上で、相手が私を愛するかどうかは相手が決めることです。束縛してみたところで、また、「私を愛しなさい」といってみても、自分を愛させ相手の心を繋ぎ止めることはできません。

嫉妬は平均化を求める

嫉妬は恋愛だけに起きる感情ではありません。三木は次のようにいっています。

「嫉妬は自分よりも高い地位にある者、自分よりも幸福な状態にある者に対して起る。だがその差異が絶対的でなく、自分も彼のようになり得ると考えられることが必要である。全く異質的でなく、共通なものがなければならぬ」（『人生論ノート』）

相手と自分の差異が絶対的なものであれば、嫉妬することはありません。手が届かない、足元にも及ばないような人は嫉妬の対象にはなりません。しかし、自分にも同じことができそうだと思える時には、何かを成し遂《と》げた人が世間の称賛を浴びた時にそれを喜べず激しく嫉妬します。

自分も同じように成功したかもしれないというのは、「もしも同じように努力していたら成功していたかもしれない」という仮定の話なので、嫉妬された側の人からいえば、「だったら努力すればいいではないか」といいたくなります。しかし、嫉妬する人は自分を高めるための努力はしません。仮定の話であれば、どんなことでもいえます。

「しかも、嫉妬は嫉妬されるものの位置に自分を高めようとすることなく、むしろ彼を自分の位置に低めようとするのが普通である」（前掲書）

これをアドラーは「価値低減傾向」といいます。現実的な努力をして、目指す人と同等になる、あるいは越えようとするのではなく、相手を自分と同じか、それ以下のところへ低めようとします。そうすることで、相対的に自分の価値を高めようとするのです、

自分が愛している人が心を奪われるかもしれないライバルに嫉妬する時も、その人の価値を貶《おとし》めようとします。

「嫉妬がより高いものを目指しているように見えるのは表面上のことである、それは本質的には平均的なものに向っているのである。この点、愛がその本性においてつねにより高いものに憧れるのと異なっている」（前掲書）

だから、人が自分より高いことを目指しているように見えるとしても、それは見かけだけのことで、本当はより高いものの足を引っ張って平均化することを目指しているのです。嫉妬からは自らを高めようとする動機は出てきません。

他方、愛は「その本性においてつねにより高いものに憧れる」と三木はいっています。憧れることで自らを高めようとします。愛は自らを高めようとする方向に働きます。この

点が嫉妬と愛を分ける基準になります。より高いものに憧れるような愛には嫉妬の介入する余地はありません。

さらに、三木は愛と嫉妬を対象の違いで区別しています。

「嫉妬は性質的なものの上に働くのでなく、量的なものの上に働くのである。特殊的なもの、個性的なものは嫉妬の対象とはならぬ。嫉妬は他を個性として認めること、自分を個性として理解することを知らない。一般的なものに関してひとは嫉妬するのである。これに反して愛の対象となるのは一般的なものではなくて特殊的なもの、個性的なものである」（前掲書）

ここで三木は、嫉妬は質的なものではなく、量的なものの上に働くといっていますが、質的なものとは「幸福」、量的なものは「成功」です。

「他人の幸福を嫉妬する者は、幸福を成功と同じに見ている場合が多い。幸福は各人のもの、人格的な、性質的なものであるが、成功は一般的なもの、量的に考えられ得るものである」（前掲書）

量的な成功は社会的地位や収入のように比べることができ、かつ一般的なものなので嫉妬されます。他方、質的な幸福は、性質的なもの、特殊的なもの、個性的なものなので嫉妬されません。つまり、一般的な幸福というものはなく、ある人が感じている幸福を、他の人も同じように幸福と見なすとは限らないということです。幸福はその人固有のものであり、誰も真似ることはできないのです。

先に見たように、自分の力でも成し遂げられそうな成功を収めた人には嫉妬します。ここでは、三木は「嫉妬は量的なものの上に働く」といっています。それに対して、個性的な幸福は質的なものであり量的に比較できないので、嫉妬の対象にはなりません。

このように考えると、幸福は質的なものなので、三木が先に引いた箇所で「嫉妬は自分よりも高い地位にある者、自分よりも幸福な状態にある者に対して起る」といっているのは厳密にいえば間違いであることがわかります。成功した人が「幸福な状態にある者」と考えている人が、成功者に嫉妬するということです。幸福はその人固有のものであり、誰も真似ることはできません。

他方、愛は自分も他者も個性として理解しているので量的なものとは関係がありません。「他ならぬこの人」を愛するのですが、嫉妬する人は自分の地位を脅《おびや》かすかもしれない「誰か」を恐れます。事実、ライバルが出現した時も、その人の個性ではなく、美とか若さといった一般性に嫉妬するのです。

嫉妬は一般的なものについてであることから、さらに三木は次のようにいっています。
「嫉妬はすべての人間が神の前においては平等であることを知らぬ者の人間の世界において平均化を求める傾向である」（前掲書）

嫉妬する人は特定の誰かの成功を嫉妬するけれども、その嫉妬する相手を個性として理解していないのです。すべての人間が神の前で平等であるとは、すべての個性が個性として平等であるということです。質的なものである個性を量的なものに置き換え、誰かの価値を貶めようとするのは「悪魔に最もふさわしい属性」である嫉妬です。

嫉妬しないためにできること

誰かと付き合い始めた時、相手からどれほど愛しているといわれても、本当は愛されていないのではないかと相手の言葉を信じられず不安になることがあります。自信がないからです。

自信がなければ、自分よりもすてきな人が現れ、自分は愛されなくなるに違いないと不安になります。先に相手の気持ちが離れていかないようにするためには、相手をいかなる意味でも縛るのをやめなければならないと書きましたが、相手を縛るのも自信がないからです。

ライバル（仮想的なライバルであることが多いでしょうが）に向かう嫉妬、また自分よりも優れているように見える人に向かう嫉妬をなくすためにはどうすればいいでしょうか。三木は次のようにいっています。

「嫉妬心をなくするために、自信を持てといわれる。だが自信は如何にして生ずるのであるか。自分で物を作ることによって。嫉妬からは何物も作られない。人間は物を作ることによって自己を作り、かくて個性になる。個性的な人間ほど嫉妬的でない」（前掲書）

「自分で物を作ることによって」自信が生じる、「人間は物を作ることによって自己を作り、かくて個性になる」といいます。

自分が作ったものは他者が作ったものと比べることはできません。そう思えるようになれば、他の誰かが作ったものの方が優れていると嫉妬しなくなります。他の人が作ったものが自分が作ったものよりも優れているように思え、模倣《もほう》して同じ作品を作れたとしても、それはその人の作ったものであって、自分の作ったものではありません。

おそらくは、模倣して作ることはありません。「嫉妬からは何物も作られない」のです。実際に作っても誰からも評価されないことを恐れるからです。作らなければ評価されない。作らないためには自信があってはいけないのです。

　しかし、作品が優れているかどうかは量的に判定できないということ、自分が作ったものは他者が作ったものとは比べられないこと、そのように思えるものを作ることで自分が個性的であると思えたら、他者が作ったものが高く評価されても嫉妬しなくなるでしょう。

　この「物を作る」というのは文字通りの意味だけではありません。

　三木は次のようにいっています。

「人間は環境を形成することによって自己を形成してゆく、——これが我々の生活の根本的な形式である。我々の行為はすべて形成作用の意味をもっている。形成するとは物を作ることであり、物を作るとは物に形を与えること、その形を変えて新しい形のものにすることである」（『哲学入門』）

　ここでは環境を形成することが「物を作る」ことといわれています。環境を形成するというのは環境に働きかけるということです。環境というのは自然だけではありません。社会、対人関係も環境です。対人関係に働きかけることが自己を形成することになるとはどういう意味なのか。

何かまわりの人にしてほしいこと、あるいはしてほしくないことがあれば、そのことを何らかの仕方で伝えるでしょう。子どもであれば、泣いたり大きな声を出したりして自分の要求を伝えます。子どもであればそうしないと生きていくことはできません。

しかし、そうすることがそのまままわりの人に受け入れられるわけではありません。やがて、言葉を話せるようになれば、「泣かないで言葉で頼みなさい」と親からいわれると、子どもは泣くのをやめ、してほしいこと、ほしいものを言葉で親に伝えられるようになります。そうしても、要求をすべて受け入れてもらえるかはわかりませんが。

三木が「人間は環境に働き掛けることにおいて同時に環境から働き掛けられるという関係が存在する」(『哲学ノート』)といっているように、この働きかけは一方的なものではありません。

子どもに限らず、環境に働きかけなければなりません。不満があったり、理不尽なことが行われているのを見れば、黙っていないで声を上げなければなりません。しかし、働きかけても、それが受け入れられるとは限りません。そのような経験を重ねる中で人は自己を形成していくのです。

親子関係についていえば、いつも親の言いなりになるようでは、子どもは「自己を作り、かくて個性になる」ことはできません。三木は先の引用に続けて次のようにいっています。

「このように環境から働き掛けられながら同時に自己を失うことなくどこまでも独立な、自律的な、自己集中的なものであるという関係が存在しなければならぬ」（前掲書）

他者がいうことが正しいことは当然ありますが、反対されたから引き下がるというのは問題でしょう。

「人間の行為は一方環境に対する適応であると同時に他方自己自身に対する適応である。一方は自己と環境とが一つになるということであるとすれば、他方は自己が自己と同一に留まることである」（前掲書）

「独立の個体」（前掲書）であるためには、誰に何をいわれても譲《ゆず》れぬ自分を持たなければなりません。他者に働きかけ、その他者から働きかけられる。他者から働きかけられてもなお変わらない自分であることも、他者からの働きかけによって自己を形成したということであり、そうすることで「個性」や「自信」も生まれてくるのです。

顔が見えない不安

先に、アドラーは「あらゆる悩みは対人関係の悩みである」といっていることを見ましたが、現代に特有な問題は、「人」が見えないことです。三木が次のようにいっています。
「以前の人間は限定された世界のうちに生活していた。その住む地域は端から端まで見通しのできるものであった。その用いる道具は何処の何某が作ったものであり、その技倆《ぎりょう》はどれほどのものであるかが分っていた。また彼が得る報道や知識にしても、何処の何某から出たものであり、その人がどれほど信用のできる男であるかが知られていた」(『人生論ノート』)

「以前の人間」がいつの時代の人のことを三木が想定しているのかはわかりません。江戸時代の農村を念頭に置いていたのではないかと思われますが、近年でも小さな集落であればそこに住んでいる人の顔が見えていました。

もう四十年以上前のことになりますが、友人の家に一週間ほど滞在していたことがありました。彼の家は平家の落人《おちうど》が隠れ住んだ村といわれている集落にありました。そこではどの家にも鍵がかけられていませんでした。そうする必要がなかったのです。私が友人の家に行った日、すぐに私のことが集落中に知れ渡りました。

前近代的な共同体においては、ほとんどの人が生まれ育った地域で暮らし続けていて、住んでいる村や町の外に出ない限り互いに顔見知りであるという親密な人間関係の中で生活していました。

そのような社会では、知識や行動、移動や通信、社交は限定されていましたが、物にしても人にしても名前と形がはっきりしていました。つまり、そこには個性があったということです。三木はこのような社会では、人間自身にはっきりした形があり、「人間には性格があった」といいます。

しかし、現代人はそうした限定のない世界に住んでいます。

「しかるに今日の人間の条件は異なっている。現代人は無限定な世界に住んでいる。私は私の使っている道具が何処の何某の作ったものであるかを知らないし、私が拠り所にしている報道や知識も何処の何某から出たものかを知らない。すべてがアノニム（無名）のものであるというのみでない。すべてがアモルフ（無定形）のものである。かような生活条件のうちに生きるものとして現代人自身も無名な、無定形なものとなり、無性格なものとなっている」（前掲書）

今や道具も知識も出所がわかりません。今使っている道具を誰が作ったかわかりません。知識についても同じです。インターネットで多くの知識が共有されますが、どこの誰が発信したかわからないことがあります。本であれば、著者が誰かがわかりますが、その著者がどこから知識を得たかはわかりませんし、そこに書かれていることが正しいとは限りません。

この世のすべてがアノニム（無名）であり、すべてがアモルフ（無定形）であるという条件の中で生きることによって、人間もまた無名で無定形になっていきます。つまり、「個性」がない人が増えたと三木はいっています。

「ところで現代人の世界がかように無限定なものであるのは、実は、それが最も限定された結果として生じたことである。交通の発達によって世界の隅々まで互に関係附けられている。私は見えない無数のものに繋《つな》がれている」（前掲書）

三木はここで交通の発達をあげていますが、現代では通信技術がこれに当たります。今ではインターネットによって、いっそう世界の隅々まで互いに関係づけられています。

交通網と通信網が発達したので、人は自分の知らない無数のものに関係づけられていきます。関係によって限定されるとはそういうことです。個性を形作る関係が無数に細分化されることによって、かえって無数の関係によって限定され、そうすることで、無限定な、アノニム（無名）でアモルフ（無定形）な存在になっていくのです。

現代はこのような無定形な社会なので人は孤立して無数の関係によって限定され、無性格になってしまいます。他者も同じです。人は一人で生きているわけではありませんが、その自分と結びつく他者が見えないのです。

見えない人に向けられる憎しみ

先にも見ましたが、アドラーが「価値低減傾向」という言葉を使っています。人の価値と重要性を貶め、相対的に自分の価値を高めようとすることです。嫉妬する人は自分が嫉妬する人の価値を貶めますが、無能な上司が、自分が無能であることを部下に見透かされないように、仕事とは関係のないことで部下を叱りつけるパワハラも、価値低減傾向の典型的な例です。

いじめや差別においても価値低減傾向が見られます。いじめる人や差別する人は、他者の価値を貶め、自分の価値を高めようとします。自分の価値をこのようなやり方で高めることができればいいので、いじめや差別の対象は特定の誰かである必要はありません。もちろん、いじめられて差別される人にとっては大問題です。

先に使った言葉でいえば、いじめや差別する人にとって対象はアノニム（無名）な人です。対象がアノニムであっても、自分もいじめの対象となり、差別されると思うと不安にならないわけにいきません。

今日問題になっているヘイトスピーチやヘイトクライムの「ヘイト」（hate）は「憎しみ」という意味ですが、アドラーはこの憎しみについて次のようにいっています。

「憎しみの感情は様々な点を攻撃することができる。人がその前に置かれる課題に向けられるものもあれば、個々の人、国民や階級、異性、さらに人種に向けられる」（『性格の心理学』）

個人に向けられる憎しみはあります。特定の人を憎み復讐《ふくしゅう》をしようと思う人がいるでしょう。しかし、憎しみが人種に向けられると対象は明確ではなくなり、ナチスによるホロコーストのような悲劇が起こります。犯罪の場合も無差別殺人であれば、犯罪者の憎しみは特定の個人に向けられたものではありません。

戦争においても、憎しみの対象はアノニムな人です。「鬼畜米英」というキャンペーンは、アメリカ人やイギリス人一人ひとりを憎むことはできないので必要だったのです。怒りを喚起することで戦意を掻き立てようとすることもありました。長崎に投下された原爆の爆圧観測する、観測用ゾンデの中に降伏勧告書が入っていました。その最後に次のように記されていました（林京子『祭りの場・ギヤマン ビードロ』）。

「日本国がただちに降伏しなければそのときは原爆の雨が怒りのうちにますます激しくなるであろう」

一体、誰の誰への怒りなのか。

「殆んどの私たちには、なぜ怒られるのか理由さえつかめず」

「浦上《うらかみ》には人間が住んでいた。人間の臭みに満ち満ちた、人間らしい街だった。そして十万人に近い人間があの土地で死んだ。そこにいあわせた私たちが、どんなに悪い罪を犯したというのだろう」

一体、誰がこの問いに答えることができるでしょう。

この降伏勧告書の中には、また次のようにも書いてありました。

「この三週間のうちに米国の砂ばく地帯で最初の爆発実験が行われ、一つは日本の広島に投下され、さらに第三番目の原子爆弾が今朝投下されました」

林京子《はやしきょうこ》は、長崎とは明記されていないことを問題にします。実際、主要目標は小倉《こくら》だったのですが、天候不良で雲が厚く、小倉上空で三回旋回したが視認できず、燃料不足を考慮し、第二目標の長崎に原爆が投下されたのです。

このように戦争では個人を見てはいけないのです。顔が見えたら爆弾を投下できなくなります。ミサイルを発射できなくなります。しかし、戦争では「この人」や「あの人」が死ぬのです。ヘイトスピーチをする人も韓国人や中国人一人ひとりに憎しみを持つことはできません。

他国民を差別する人は現実の生活でその国の人を一人も知らないのでしょう。「〜人」という抽象化された、しかも誤って抽象化されたその国のイメージを頭の中で勝手に作り上げているだけです。

同国人でも嫌な人はいます。そんな人がまわりにいて、その特定の人をひどく嫌いだという人、さらには憎しみを持つ人はいるでしょう。しかし、だからといってその人と同じ国の人が皆嫌いとか、憎いということはありえません。そんなことは誰でもよくわかるでしょう。自分が嫌いなのは特定の人であって、その人と同じ国家に所属するすべての人であるはずはありません。

戦争やいじめ、差別をなくすためにできることは、個人が見えるようにすることです。

怒りについては後で考えますが、三木は避けるべきは「憎しみであって怒ではない」といっています。三木の言葉を引くと次のようです。
「もし何物かがあらゆる場合に避くべきであるとすれば、それは憎みであって怒ではない」（『人生論ノート』）
「すべての怒りは突発的である。そのことは怒りの純粋性或いは単純性を示している。しかるに、憎みは殆どすべて習慣的なものであり、習慣的に永続する憎みのみが憎みと考えられるほどである。憎みの習慣性がその自然性を現すとすれば、怒の突発性はその精神性を現わしている」（前掲書）
怒りの特徴は、突発的であること、純粋であること、単純であること、精神的であることであり、他方、憎しみの特徴は永続的、習慣的、自然的です。目の前にいる人には突発的に怒りますが、アノニムな人には憎しみを持つことになります。
ヘイトスピーチは、アノニムな人に対する憎しみの最たるものです。自然性を現す憎しみは反知性的な感情です。

噂と不安

三木が噂《うわさ》について次のようにいっています。

「噂は不安定なもの、不確定なものである。しかも自分では手の下しようのないものである。我々はこの不安定なもの、不確定なものに取り巻かれながら生きてゆくのほかない」（『人生論ノート』）

噂が不安定、不確定なものというのは、それが偶然的なものだからです。それにもかかわらず、運命をさえ決定すると三木がいうのは、それが根も葉もないものであっても、それによって仕事を失うこともあるからです。今は三木の時代とは違ってインターネットによってたちまち根も葉もない噂が拡散されます。いつ自分についてもそのような噂がされるかと思うと不安になります。

「噂はつねに我々の遠くにある。我々はその存在をさえ知らないことが多い。この遠いものが我々にかくも密接に関係してくるのである。しかもこの関係は摑《つか》むことのできぬ偶然の集合である。我々の存在は眼に見えぬ偶然の糸によって何処とも知れぬ処《ところ》に繫がれている」（前掲書）

噂は本人が知らないところで立てられます。本人に向かっていったら、それはもはや噂ではなくなります。「我々の存在は眼に見えぬ偶然の糸によって何処とも知れぬ処に繫がれている」というところは、三木がインターネットの世界のことをいっているようです。

三木が「現代人は無限定な世界に住んでいる」といっているのは先に見ました。「噂は誰のものでもない、噂されている当人のものでさえない。噂は社会的なものであるとしても、厳密にいうと、社会のものでもない。この実体のないものは、誰もそれを信じないとしながら、誰もそれを信じている」（前掲書）

噂には責任者というものがありません。責任の語源は応答（responsibility）です。この発言は誰が何のためにしたのかと問うた時に、誰かが名乗り出て何を根拠にどういう意図があって発言したかと説明したとすれば、その人は自分の発言に責任を持っているということです。しかし、噂は誰のものでもないので、責任を問うことはできません。

「噂はあらゆる情念から出てくる。嫉妬から、猜疑心《さいぎしん》から、好奇心から、等々」（前掲書）

「あらゆる噂の根源が不安であるというのは真理を含んでいる。ひとは自己の不安から噂を作り、受取り、また伝える。不安は情念の中の一つの情念ではなく、むしろあらゆる情念を動かすもの、情念の情念ともいうべく、従ってまた情念を超えたものである」（前掲書）

噂を立てられるかと思うと不安になりますが、不安なので噂を作り、受け取り、伝えると三木はいっています。

自分が好意を持っている人について誰かと付き合っているというような噂を耳にしても、自信があればその噂を信じたりはしないでしょう。しかし、自信がなく嫉妬する人は不安なので噂を信じてしまいます。そうすると、噂が真実になるのです。

芥川龍之介《あくたがわりゅうのすけ》の『竜』という小説があります。大きな鼻を持ったばかりに皆に嘲笑されていた僧侶が腹いせに、奈良の興福寺《こうふくじ》の近くにある猿沢《さるさわ》の池のほとりに「三月三日この池より竜昇らんずるなり」と書いた立て札を一本立てたという話です。

日頃の腹いせに仲間や世間の人をかついで笑い者にするという魂胆でしたが、思いがけず池から竜が昇るらしいという噂が評判になりました。もとより、僧侶が仕組んだ法螺話《ほらばなし》なので竜が昇るはずもないのですが、「昇らない事もなさそうな気がし出した」僧侶が固唾《かたず》を飲んで池の面を見ていると、やがてそれまで晴れていた空がにわかに曇り、雨が降り出しました。その雨の中、竜の姿を見る……。

僧侶は自分の作り話ではなく、責任者のない誰かの作った噂を信じたのです。それは好奇心からだったでしょうが、その好奇心を動かしたのは、本当に竜が昇ったらどうしようという不安でした。

竜が昇るというような噂には実害はありません。しかし、不安から作られた噂が人の命を奪うことになった事例があります。多くの噂は根拠のない虚報、誤報ですから、根拠のない噂は放置すればいいのですが、「噂をいつまでも噂にとどめておくことができるほど賢明に無関心で冷静であり得る人間は少ない」ので、社会に影響を与えます。

一九二三年に起きた関東大震災の時には、朝鮮人が暴動を起こすという噂が流れ、多くの人が殺されました。二〇一一年の東日本大震災にもいろいろなデマが流れました。被災地で外国人が犯罪を起こしているという噂がインターネット上で瞬《また》く間に広まりました。実際には捏造《ねつぞう》だったわけですが。なぜ、噂に対して賢明に無関心でいられないのでしょうか。

先にも見たように、あらゆる噂の根源が不安だからです。「時局と学生」というコラムで三木は次のようにいっています。

「不安は人間を焦燥せしめ、そして焦燥は人間を衝動的ならしめる。その時人間はいかなる非合理的なものにも容易に身を委せ得るのである。かくて嘗《かつ》て多くの独裁者は、人民を先ず不安と恐怖とに陥れることによって彼等を自己の意のままに動かそうとしたのである」（「東京帝国大学新聞」一九三七年九月二十日『三木清全集』第十五巻所収）

不安な人は焦燥し、衝動的になるのです。常は冷静な人でも不安に駆られ衝動的に行動に走るのです。

三木も独裁者は人民を不安と恐怖に陥れることによって意のままに動かそうとしたといっていますが、不安という感情を何かの目的に使うことができます。地震で不安に駆られても、誰もがデマを信じて行動に出たわけではありません。不安を使って噂を作り、また信じて、常から敵意を持っていた人たちの殺害に及んだのです。

不安から焦燥に駆られ、デマに振り回される人間の心理について、三木は次のようにもいっています。

「流言蜚語《りゅうげんひご》はすべて不安の表現である。それを伝える者はもとより、それを作る者も自分が不安であるからそれを作るのである。流言蜚語は一定の社会的雰囲気の中で生れるものであるが、それを自分の個人的な目的のために利用する者が存在することによって益々悪質なものとなるのである。言い換えると、流言蜚語は単純な不安に止まるのではなく、それを作るもの、或いはそれを伝える者の意識的な乃至無意識的な利己的意図と結び付いて不純にされているのが常である」（「流言蜚語」『三木清全集』第十六巻所収）

不安の表現である流言蜚語と不安が、「利己的な意図」のために使われることがあります。必要なことは、この意図に気づくことです。独裁者のように不安を意識的に使うのは悪質ですが、無意識的にそうしている場合はまず意識化する必要があります。

三木は噂についてデマとは違う捉《とら》え方をしています。

「噂よりも有力な批評というものは甚《はなは》だ稀である」（『人生論ノート』）

噂は評判として一つの批評だが、その批評にはいかなる基準もないので、本来は何ら批評でもないと別のところでいっていますが、ここでは三木は噂を肯定的に見ています。

「流言蜚語は単にアブノーマルな報道というのみでなく、また特定の仕方で与論を現わす」。報道が統制されている場合、「純然たる与論の材料として生きることができぬ報道は自己を潜在的与論のうちに生かせようとする。かような潜在的与論が流言蜚語にほかならない」（清水幾太郎《しみずいくたろう》『流言蜚語』書評、『三木清全集』第十七巻所収）

「潜在的与論」というのは、検閲によって公《おおやけ》にならなかった情報や意見のことです。言論統制によって骨抜きにされたマスメディアの批評よりも、潜在的与論としての噂の中に鋭い批評があるというのです。

ＳＮＳは間違った情報が多く信頼できないことの方が多いのですが、マスメディアが正しい情報を伝えないので、見識のある個人が発信している情報はマスメディアによっては知ることができないものが多く有用です。もとより、それが正しいかはしっかりと検証する必要がありますが、ＳＮＳが「潜在的与論」を形成することに役立っていることがあります。

疑心暗鬼を生ず

疑心があると、何でもないものにまで恐れや不安、疑いの気持ちを抱きます。

哲学者の田中美知太郎《たなかみちたろう》は検閲に引っかかるかもしれないと恐れ、『思想』に掲載される論文「イデア」の校正刷を見て迷っていました。

田中はこの論文の中で、この世のあらゆるものは決してイデアと見なされてはならず、現実とイデアを峻別《しゅんべつ》する必要を説いたのですが、その関連で、君主を神とすることに批判的な言葉を書いていたのです。これを削除すべきか否《いな》か、何度も読み直し、筆を加えもしましたが、この文で罪を問われることになっても仕方がないことだと、ついにそのまま出す決心をしました。田中はこう述懐しています。

「今から考えれば、このようなむずかしい論文が直接検閲にひっかかるようなことはあり得なかったわけだが、当時の切迫した精神的雰囲気のなかでは、誰かほかの人が告発しないとは限らなかった」（『時代と私』）

たしかに、田中がいうように、この論文が検閲に引っかかる内容のものなのかを判断できるためには、本来、検閲者が相当な学識が必要です。しかし、田中が「直接検閲にひっかかるようなことはあり得なかった」といっているように、「直接」ではなく引っかかることはあったのでしょう。

つまり、論文の内容を問題にするのではなく、そこで使われている言葉を問題にするのです。内容が理解できなくても、問題となる言葉があれば伏字《ふせじ》にすればいいわけです。SNSではそのような仕方で発言が問題にされ、利用が停止されることがあります。

政府が言論弾圧するのも怖いですが、田中がいうように、他の誰が通報するかわからないという不安がありましたし、今の時代もあります。日本学術会議の会員を政府が任命拒否すること自体が問題ですが、どういう研究では認められないというような明確な基準を打ち出さない（もちろん、そんなことがあってはいけないのですが）ことが、皆が疑心暗鬼を生ずる状況を作り出すことになります。

もう一つの、そしてより大きな問題は、田中が「当時の切迫した精神的雰囲気のなかでは、誰かほかの人が告発しないとは限らなかった」といっているように、当局ではない別の人が告発することがあるということです。

三木清が一九三六年に発表した「時局と思想の動向」という論文を見ると、多くの箇所が伏字になっているのがわかります。

「我国の右翼の人々の多くは、自分たちがファッショと呼ばれることを好まず、ファシズムから日本主義乃至日本精神というものを根本的に区別しようと欲する…………………が経済的社会的問題について如何に考えるかを検討するならば、全くの無理論であるものを除き、外国のファシズムと名目はともかく実質的にはほとんど異なることはないであろう」

このなかで、…が伏字になっているところです。

哲学者の久野収《くのおさむ》は次のようにいっています。

「伏字のない論文といえども、言論の自由を意味するのではなく、かえって著者の細心の注意が伏字をまぬかれる表現に結晶したにすぎないのである」（『三木清全集』第十五巻「後記」）

当時は「特高」警察や「検閲」警察が監視したのですが、民間で「思想告発」を本業とした一部の右翼が「十字砲火」をする只中で、三木は論文を書いたのです。

コロナ禍で「自粛警察」という言葉ができましたが、頼まれもしないのに自粛要請に応じない営業者を攻撃する人がいます。ＳＮＳでは政府を批判するような発言をすると、たちまち「炎上」します。

日本学術会議の任命問題も政府がなぜ任命を拒否したかという理由を明らかにしなければ、任命されないかもしれないと恐れる人が出てくるでしょう。そうすることで、研究者をコントロールしようとしているのです。

私が住んでいるマンションで騒音問題が起きたことがあります。早朝、深夜と壁を叩くような大きな音がするので苦情が寄せられているという管理組合名のチラシが、ポストに投函されていました。どの部屋か特定できないまでも、どのあたりから音が聞こえてくるかはわかるはずなので、近くの住人に直接問い合わせたらいいと思うのですが、そうしないことには狙いがあるのでしょう。

すべての住人に音を出しているのは自分かもしれないと思わせたいのです。騒音を故意に出す人がいるとは思いませんが、知らない間に大きな音を立てているかもしれないと不安になります。かくて、大きな音を立てないようにしようと気をつけるようになるので、マンションの静寂は保たれることになるでしょうが、大きな音を出すと通報されるかもしれないという不安や恐れを持たせるというやり方を私は好ましいとは思いません。

いずれも不安になった人が検閲に引っかかるのではないか、学会に入ることを拒《こば》まれるのではないか、騒音を出して隣人との関係を損ねるのではないかと不安になった人に権力の存在を意識させようとしているのです。

この場合も不安にならないためには、行動を起こさなければなりません。田中が「この文で罪を問われることになっても仕方がないことだと、ついにそのまま出す決心」をしたように。

事実無根の噂を流し、行動を監視するような人はいるでしょうが、誰もがそんなことをするはずはありません。しかし、他者が自分を陥れようとする怖い人だと思い始めると、誰からいわれたわけでもないのに行動を自粛し、気がつけば自分もまた知らずして他者を監視していることに気づくようになります。他の人は決してそんな人ばかりではないことを知ることが、不安から脱却するために必要です。

第四章

仕事の不安

結果を出せない不安

ここでいう「仕事」には「勉強」も含みます。どちらも結果が出て、それに対して評価がされます。自信がある人でなければ、頑張ってもよい結果を出せないかもしれないという不安が生じます。実際、どれほど努力しても必ずよい結果が出るとは限りません。

よい結果が出せなかったら頑張るしかありませんが、不安になるのはただよい結果を出せないからだけではありません。本来、評価は課題についてなされるものですが、評価が低ければ自分の価値も下がると思ってしまいます。

よい結果を出せずそのため自分の価値も低く評価されると思って不安になると、課題に取り組むのをやめてしまうかもしれません。この場合も、不安だから課題に取り組まないのではなく、課題に取り組まないために不安になるのです。

結果がよくなくても、何が問題だったかを明らかにして、次回はよい結果を出せるように頑張れる人がいます。そのような人は不安になりません。

若い頃、大学でギリシア語を教えていました。学生が当てても答えようとしなかったので、なぜ答えなかったのかとたずねたら、「間違えて、できない学生と思われたくなかった」という答えが返ってきて驚いたことがあります。私はその学生に「あれやこれやの問題の答えを間違えていても、あなたができない学生とは思わない」と約束しなければなりませんでした。学生は私の言葉を聞いて、ようやく次の講義から間違えることを恐れなくなりました。

うまくいった時、成功した時にはあまり学べません。間違えた時、失敗した時こそ学ぶことは多いのです。だから、間違えたり失敗していいということではありませんが、同じ失敗を繰り返さないためにどうすればいいかを考えることで学べることは多く、最初はよい結果を出せなくても少しずつよい結果を出せるようになります。

そうであれば、教師は生徒や学生が、親は子どもが、上司は部下が失敗した時に、それを叱ったり責めたりしてはいけないのです。そうすることは課題に取り組む勇気を挫《くじ》くことになります。叱られたり責められると、課題に取り組もうとは思わなくなるか、結果を出すためには手段を選ばなくなります。必要なことは、次に同じ失敗や間違いをしないためにどうすればいいかを一緒に考えることです。

心情倫理と責任倫理

マックス・ウェーバーは「心情倫理」と「責任倫理」を区別しています（『仕事としての

学問 仕事としての政治』）。心情倫理は行為の純粋性を重んじ、行為の結果を問いません。なぜ行為の結果を問わないかといえば、結果は外的な事情に依存するからです。

医師になって病者を救いたいという動機がどれほど純粋でも、そもそも医学部に入れなければ医師になることもできません。今の時代でいえば、新型コロナウイルスの感染拡大を抑えるための対策が正しいものであっても、感染者数を実際に抑えることができなければその対策は有用ではないということです。動機さえ純粋であればよいというのではなく、行為の結果に対しても責任を負わなければなりません。これが責任倫理です。

それでは、結果さえ出せればいいかといえばそうではありません。責任倫理が結果に対しての責任を問題にするのに対して、心情倫理は自分の良心に対する責任を重視します。心情の純粋性を重視するのは自分の良心に忠実であろうとするからです。結果だけが問題であるなら、必ずしも良心的に行為する必要はありません。

勉強を例に引けば、結果を出すために不正行為をも辞さないというようなことです。昇進したい人が、上司から不正の隠蔽や虚偽発言を命じられた時、上司に従えば昇進できるといわれ、良心に反してまで結果を出せたとしても、これは心情倫理に反する行為です。

どちらか一方の責任さえ果たせたらいいというわけではありません。ウェーバーが心情倫理と責任倫理を区別したのは、一方が責任を問題にせず、一方が問題にするということではなく、前者が自分の人格に対する責任を問題にするのに対して、後者は社会に対する責任を問題にするということです。

このように、結果も出し、良心的でもなければならないのです。受験生は結果を出せるように勉強に励《はげ》まなければなりませんが、良心的でなければなりません。他方、たとえ動機は純粋でも結果を出せなければ勉強の仕方に問題があったということです。

この二つの倫理の観点から考えても、叱ることは有用ではないことがわかります。勉強の例でいえば、勉強の結末は自分だけに降りかかり、責任は自分しか引き受けることができないので、子ども自身が一生懸命勉強するしかないのです。それなのに、大人が子どもの課題に介入して子どもを叱ると、叱られないためにはどうすればいいかと考えるようになります。先に見たように、不正行為をしたり、試験を受けなかったりします。試験を受けなければ結果が出ないからです。

しかし、結果が出なければ、どこがよく理解できていなかったかがわかりません。教師も結果を見なければ自分の教え方のどこに問題があったかわかりません。学生が自分の足りなかったことがわかり教師が教え方を改善すれば、次はよりよい結果を出すことができます。

失敗を恐れない

結果さえ出せばいいとか、結果を出さないために試験を受けないというようなことにならないように、親や教師、上司は子どもや生徒、学生、部下の純粋性に注目しなければなりません。結果はよくなくても頑張っていたこと、決して最初から勉強を放棄していなかったことに注目して声をかけるということです。

また、失敗を恐れないように援助しなければなりません。私は長く学生に教えてきましたが、間違いを恐れる学生は伸びません。この援助は心情倫理の観点から親、教師、上司がしなければならないことです。

子ども、生徒、学生、部下についていえば、よい結果を出せなかったのであれば、もっと勉強し研鑽《けんさん》を積めばいいのです。よい結果を出せなければ、勉強や仕事に取り組もうとしないのは問題です。直《ただ》ちによい結果を出せるとは限りませんが、少しでも課題に取り組めば、それなりの結果は出ます。

しかし、努力してもよい結果を出せないことがあります。それは本人の努力が足りなかったからだけではなく、指導方法に問題があることが往々にしてあります。

教師や上司は責任倫理の観点からいえば、自分の教え方、指導に問題があったのでよい結果が出せなかったと考えなければなりません。ただ「頑張れ」といっているだけではよい結果を出せません。よい結果を出せるように教育、指導しなければならないのです。オリンピックに出るような力のある選手であってもコーチが付きます。そのコーチが根性を鍛えるような指導をするようでは、かえって選手の力を落とすことになります。

指導する立場の人が自分の指導の巧拙《こうせつ》が結果を左右することを知っていれば、勉強しない、またよい結果を出せないからといって、生徒や部下を叱りつけたりしないはずです。そんなふうに叱りつけることは、自分の指導力が足りないという責任を棚上げにしているだけなのです。

もちろん、何事も受け身的に学ぶというのは間違いです。指導がよくても成績が伸びないことがあります。以上のことを知った上で、成績が伸びないこと、よい結果を出せないことを人のせいにしないで努力しなければなりません。よい結果を出せるか不安に思っている間にも勉強するしかありません。

競争から降りる

よい結果を出すために競争させるということも問題です。競争すると勉強をする意欲が湧いたり、生産性が上がると考える人は多いですが、はたしてそうなのか考えなければなりません。

勉強も人と競争すると、たちまちつまらないものになってしまいます。勉強というのは本来は知らないことを学ぶことなので楽しいはずなのに、競争に勝つために制限時間内に問題を解くテクニックを身につけることが勉強になってしまうと、じっくりと考えることがなくなってしまい、そうなると学ぶ喜びが失せてしまいます。

試験の前には誰もが多かれ少なかれ緊張するものですが、よい結果を出して他者との競争に勝たなければならないと思うと、確実によい結果が出せるという自信がなければ、試験を前にして不安になってしまいます。しかし、この不安は学ぶ喜びとは何の関係もないのです。

さらに、人生そのものが競争だと考える人は多いでしょう。高学歴で一流といわれる企業に就職していても安閑《あんかん》としていられません。競争社会においては、今は勝ちを収めているると思っていても、今後も常に勝ち続けていなければならないからです。ライバルの出現を恐れ、いつ何時競争社会の落伍者になるかもしれないと思って生き続けなければならないような人生が幸福だとは思えません。

どんなことも成し遂げようと思うなら努力しなければなりません。しかし、努力をしても思うような結果を出せない、もう既に競争に負けていると思っている人は努力をやめてしまいます。そのような人はアドラーの言葉を使うならば「支戦場」で戦っているのです（『子どもの教育』）。「支戦場」は「人生の有用でない面」と言い換えることができます。そこで安直な仕方で優れようとするのです。

仕事の面で力を発揮できない上司は、自分が無能であることを棚に上げて部下を理不尽に叱りつけます。部下が落ち込めば優越感を持ちます。刃向かう部下に勝てばいよいよ優越感を持つことができます。

不安を訴える子どもも、自分の「弱さ」を見せることで注目を得て親を支配しようとします。この子どもにきょうだいがいれば、きょうだいとの競争関係に負けたので、努力することを放棄して、「支戦場」で優位に立とうとするのです。部下を叱りつける上司も不安を訴える子どもも、どちらも屈折した優越性を誇示しているといえます。

生きることは他者との競争であるという考えから脱却できれば、このような不毛な戦いをしないですむでしょう。台湾の作家、龍應台《りゅうおうたい》が競争について次のようにいっています。

「私たちが必死になって学んだのは、百メートル競争をどう勝つかであった。転んだらどうするかなんて、誰も教えてくれなかった」(『父を見送る』)

競争社会では、競争に勝つ人だけが重要であって、敗者のことなど考えないのです。勉強や仕事で結果を出せなければ意味がないと考える人は多いです。しかし、結果を出せなかった時、競争して勝てなかった時にどうするかを誰からも教えられなかったのです。

どうすればいいのか。ただ競争から降りればいいのです。何かの仕事をするにしても他の人と比べる必要はありませんし、比べることはできないのです。

第五章

病気の不安

身体が他者になる時

若い人でも病気についてまったく考えたことがないという人がいれば、その人はよほど健康な人なのでしょう。他方、時に熱を出すだけで不安になり、何も手につかなくなる人もいます。

病気になれば仕事を休まなければならなくなります。何があっても会社を休むわけにはいかないと思っていた人でも休まないわけにはいかず、入院が必要な病気であれば、元の生活に戻るのにかなりの時間がかかります。

病気になると、それまで死についてまったく考えていなくても死ぬかもしれないと不安になることがあります。どんな病気でも死のことをまったく考えないことはないでしょう。病気になれば何が起こるかがわかっていれば、不安は少しは軽減するかもしれません。

健康な人は病気になる前は自分の身体の存在をほとんど意識していないでしょう。過労で起き上がれなくなるほど疲れてしまうということはありますが、健康な時であれば休息を取りさえすれば、このような疲れでもたちまち取れます。

ところが、病気になると、息をすることにも歩くことにも不断に意識を向けなければならなくなります。呼吸は苦しく、一歩ごとに立ち止まることになります。

そのような時、常はほとんど意識することがなかった身体が存在を主張するので、身体に意識を向けないわけにいかなくなります。病気の時は自分と身体との間に「隔《へだ》たり」ができます。

ちょうど他者が自分とは考えや感じ方が違うので自分の意のままにならないように、病気の時には身体が自分にとって「他者」になります。作家の城山三郎《しろやまさぶろう》が左胸にうずきを覚えて息切れがし、息苦しさを感じるようになった時のことを次のように表現しています。

「わが身の一部でありながら居所不明のままで居た心臓が、このところ覆面をはずして名乗りをあげ続ける」（『無所属の時間で生きる』）

自分と身体との間に隔たりができること、身体が他者になることを見事に表現しています。心臓が「居所不明のままで居た」というのは、健康な時は心臓があること、心臓が動いていることをまったく意識していないということです。

ところが、心臓が覆面を外して名乗りを上げれば、痛みを感じたり息が苦しくなります。それを意識しないわけにはいかなくなりますし、その身体からの呼びかけに応えなければなりません。「名乗りをあげ続ける」心臓に答えなければなりません。

無視するのでなければ、手術を受けるか受けないかを決めなければならなくなります。手術を受けないという選択肢もありますが、その場合は手術を受けないことに伴《ともな》うリスクを引き受けなければなりませんし、反対に手術を受けると決めたら手術自体に由来するリスクを引き受けなければなりません。健康な時には思いもよらない大きな決断を迫られるわけです。

このように、病気になれば、身体は自分でコントロールすることが難しくなります。身体はまったく思いもよらぬ動きをし、自分とは独立した意識を持っているかのように見えます。

しかし、身体は厄介な存在であるだけではありません。例えば、痛みは身体が発する言葉といえます。もしも痛みをまったく感じなければ、身体に重大な問題が起こっていても気がつかないことになります。痛みがあればこそ、身体に何か異常なことが起こっていることに気づき、適切な対処ができるのです。

痛みなどの異常があっても、身体からの呼びかけに耳を傾《かたむ》けないことがあります。それを自分に都合のいい無害な解釈にすり替えてしまうのです。そうすることで、身体からの警告を無効にしようとします。呼びかけに応じるというのが「責任」(responsibility)ということの元の意味ですが、身体からの呼びかけに応えないことは「無責任」であるということです。

反対に、身体の声に直ちに応答する人がいます。一病息災《いちびょうそくさい》という言葉があります。持病のある方が健康に気をつけるので長生きできるという意味ですが、少しでも身体に異常が感じられたら、手遅れにならないようにすぐに診察を受けます。

病気の受容

しかし、そういう人は少ないかもしれません。診察を受けることは怖いものです。医師のもとに意気揚々《いきようよう》と出かける人はいないでしょう。

心筋梗塞で倒れた時、私は救急車で搬送されました。前駆症状はありましたが、先に見た城山とは違って、体調不良が心臓に由来するものとはまったく考えていませんでした。心臓が名乗りを上げていたはずですが、私は気づきませんでした。

医師は心電図を見て、すぐに何のためらいもなく心筋梗塞であるといいました。まったく予想だにしていなかった病名を聞いた私は大いに驚き、こんなふうに死ぬとは思っていなかった、あっけない幕切れだと思いましたが、告知するべきかどうかというようなことは心筋梗塞の場合は問題にならないのかとも思いました。

死の間際に考えるようなことではなかったでしょうが、自分に起きたことを客観視する余裕が少しはあったのでしょう。決して安堵したわけではありませんが、病名を告げられてようやく最近の体調不良の原因がわかって合点がいきました。

私の場合は、このまま死ぬかもしれないと思ったものの、すぐに手術を受けましたから悩む間もありませんでした。しかし、しばらく不調の日が続いた後、ようやく決心して受診し、しかも大きな病気に罹患《りかん》していることがわかるという時には、はたして治るのだろうか、治らなかったら家族はどうなってしまうのかと不安に押しつぶされそうになります。病気になれば仕事どころではないはずですが、身を粉にして働いてきた人であれば、仕事を休むわけにはいかないと思って焦燥に駆られるでしょう。

医師から病名を告げられても、すぐに受け入れることはできません。死に至るような病気でなくても、自分が病気になったことを受け入れることは容易ではありません。新型コロナウイルスの場合、必ずマスクを着用し会食もしていないのに感染した人は、なぜ自分がこんな目に遭わなければならないかと思って、怒ったり理不尽に思える自分の運命に絶望するかもしれません。

とりわけ、不治であると見なされている病名を医師から告知されたら、それはきっと何かの間違いではないかと疑います。アメリカの精神科医キューブラー・ロスが死の受容について語っている言葉を使うならば（『死ぬ瞬間』）、自分が死ぬということは嘘ではないかと疑う段階（否認と孤立）がまずあります。

病気を受け入れることと死を受け入れることとは別ではないかと思う人がいるかもしれませんが、どんな病気になっても、とりわけ病名がわからなければ不安が膨《ふく》らみ、この病気で死ぬかもしれないと思った人は多いでしょう。

やがて、この否認は部分否認になり、さらに間違いではないことを理解した時、怒り、激情、妬《ねた》み、憤慨という感情が起こります。なぜ自分が死ななければならないのかと怒りを感じ、怒りをまわりの人にも向ける段階（怒り）、次に、避けられない結果を先延ばしにするために、死なずにすむように取引を試みる段階（取引）、そして、何もできなくなる段階（抑うつ）がやってきて、最終的に、自分が死ぬことを受け入れる段階（受容）に至る。ロスはこのように説明します。

しかし、受容は必ずこのような順を追ってなされるわけではありません。前立腺癌《がん》で五十歳で亡くなった西川喜作《にしかわきさく》医師が指摘しているように、受容は直線的に進むのではなく、行きつ戻りつすることもあります（柳田邦男《やなぎだくにお》『「死の医学」への序章』）。ちょうど海辺に打ち寄せる波が寄せては返すように、ショックが押し寄せてくる。それが引くと、覚悟しなければならないと思う。こんなことが何度も繰り返されるのです。

このように、病気をどう受け止めるかは患者が決めているので、診察時に患者が医師に怒りをぶつけてきたとしても、それは事態を受け止める時のその患者独自の対応の仕方であって、他ならぬこの自分に向けられたものでないことを知っていなければ医療者は身が持ちません。

また、受容に至るまで、ロスがあげているすべての段階を辿るというよりも、病気をどう受け止めるかという反応は、アドラーがいうライフスタイル、つまり、課題に直面した時の対処の仕方によって違います。病気になった時にどう対処するかは、人がそれまでの人生で他の課題にどう対処してきたかということと基本的には同じです。

苦境に陥った時に怒ることを慣《なら》わしにしてきた人は、病気になった時もなぜ私なのだと怒るでしょうが、自分の病気を受け入れ、治療に専念しようと決心する人もいます。

しかし、このライフスタイルは決して生まれつきのものでも、不変のものでもありません。同じような状況では人を替えて同じようなことをしているだけです。もしも違ったふうにふるまおうと思えばできないわけではありません。実際、入院するような病気になると、その経験がライフスタイルを変えるきっかけになります。

ロスが否認の例としてあげている女性は、ロスの想定する諸段階を踏むことなく、いきなり死を受容しているように見えます。

ロスは、健康であることを信じさせたい信仰治療師の言葉に飛びつき、自分が病気であることを否定していました。ところが、ある日、スタッフの手を握り、「あなたはこんなに温かい手をしているのね」といいました。そして、何かがわかったように微笑みました。そのスタッフはいいました。「彼女も私も、この瞬間に彼女が否認をやめたことがわかった」（ロス、前掲書）。

アドラーは怒りや不安には「相手役」がいると考えています。これについては先にも見ました。誰かに向けられるということです。ですから、事態を受け止める時の怒りは特定の医師に向けられたものではありませんが、診察中に患者が怒りをぶつけてくれば診察をしている医師が相手役です。

なぜ自分が病気にならないといけないのかと思って怒りを感じた人が、その怒りを医師に向ける時には主導権を取ろうとしています。不安も同じです。自分が何の病気に罹患しているのかわからない間、患者の中で不安は大きく膨らんでいきます。その不安もまた、診察する医師に向けられます。たとえ何の病気かがわかったとしても不安を訴えることで、医師が必要だと判断した治療を拒む、少なくとも治療に抵抗しようとするのです。

その時、医師が患者の言動を恐れなければ、患者はそれまで怒りや不安を他の人に向けてきた時とは医師の対応が違うことに驚くでしょう。

医師は患者の感情に振り回されてはいけないのです。医師は病気についての専門的知識があるので、それにもとづいて診断し治療方針を決めますが、その際、医師と患者が協力しなければ治療することはできないので、患者の怒りや不安などは治療の妨《さまた》げになります。そのことを患者に教え、協力関係を築かなければなりません。そのためにできることは次のことです。

まず、真実を明らかにすることです。患者に「心配には及ばない」「絶対治る」というようなことを軽々にいうべきではありません。そのようなことをいえば、患者との信頼関係を損ねることになります。

患者にとって、自分の身体の中で何が起こっているかがわからず、これからどうなるのかわからないのが一番不安なので、今の状態と今後どんな治療ができるかを説明すれば、不安は軽減します。

時に治らない可能性が高いという事実を伝えなければならないこともありますが、患者は自分の病気を受け入れることができると信頼しなければなりません。治療を拒んだり抵抗しても、その際医師に怒りをぶつけてきたとしても、今の状態の改善を望んでいないわけではないのです。

ただし、告知の仕方には配慮が必要です。医師が知っているのはあくまでも一般的なケースなので断言は避けなければなりません。患者や家族は完治が望めないばかりか、死に至ると知らされても、なお一縷《いちる》の希望はほしいと思うでしょう。

統合失調症の少女の診察に両親が呼ばれました。医師の一人がアドラーのいる前で、心配している両親に「娘さんは回復の見込みはありません」といいました。この言葉を聞いたアドラーは、その場にいた医師たちにいいました。

「いいかい、聞きたまえ。どうしてわれわれはそんなことがいえるだろう。これから何が起こるか、どうしたら知ることができるだろう」（Manaster et al. eds., *Alfred Adler: As We Remember Him*）

患者や家族の立場でいえば、たとえ医師が回復の見込みがないと告げても、医師ですらわからないことがあることは知っておかなければなりません。たとえ多くの場合、治癒を望めなくても、医師も望みをまったく持っていないのであれば懸命に治療をしようとは思わないでしょう。希望を捨てない医師を見て、患者や家族は治療に協力し、たとえ最終的に治癒することがなくても、自分や家族に起きたことを受け止められるのです。

次に、医師が患者を「仲間」だと思えることが必要です。医師にしてみれば、患者は多くの患者の一人でしかないというのは本当ですが、患者にはただ一人の医師なのです。「仲間」というのはアドラーが使う言葉で原語はMitmenschenです。自分と相手が敵対しているのではなく結びついて（mit）いると思える時、二人は「仲間」です。患者は医師が自分を決して拒絶せず受け入れてくれると思えなければなりません。患者はどんな自分であっても、つまり強がらなくても、不安に戦《おのの》く弱い自分をも受け入れてくれることがわかれば、治療に協力するでしょう。

アドラーが自分に殴りかかった患者のことを書いています（『生きる意味を求めて』）。この患者は治癒不可能だと別の医師からいわれていました。アドラーにもきっと拒絶されるだろうと思っていたので、三ヶ月の治療の間、沈黙し続けました。ついに、患者はアドラーに殴りかかりました。アドラーはそれに抵抗しませんでした。アドラーは、殴りかかろうとした時に窓ガラスで怪我をした患者の出血した手に包帯を巻きました。

怒りをぶつけてくる患者はいても殴りかかってくる患者は多くはないでしょうが、治癒不可能だといわれて平気でいられる人はいないでしょう。不安が膨らみ、自分を拒む医療者への怒りをぶつけてきた患者にアドラーはこんな言葉をかけました。

「どうだろう？　あなたを治すために二人が何をすればうまくいくと思うかね」

ここでアドラーが「私」が何かをするといっているのではなく、「二人」が何をすればうまくいくと思うかと問うていることが私の注意を引きます。

アドラーが「二人が」何をすればうまくいくと思うかとたずねていることからわかるように、治療は医師が患者に対して一方的にするものではありません。両者が協力しなければ治療は進みません。患者は次のように答えました。

「それは非常に簡単だ。私は生きる勇気をすっかりなくしていた。でも話している間にまた勇気を見つけた」

この患者は三ヶ月の間何も話しませんでしたが、問いへの答えを既に見出していたわけです。どんな病気であれ受診する人は「生きる勇気」を失っています。それを再び取り戻すことが、患者が治療に専念するためには絶対必要です。

病気からの回復プロセス

以上の見てきたことは次のように表すことができます。

(1) 私＝身体
↓
(2) 私←→身体（身体の異物化）
↓
(3) 病気（身体）による私の支配

(1) は健康な時です。自分の身体の存在を意識することはありません。(2) は病気のために、身体の存在を意識しないわけにいかない状態です。(3) は、身体のことで意識が占められている状態で、片時も意識から離れません。

それでは、回復はこれと逆のプロセスをたどり、最終的に (1)、つまり、身体の存在を意識しなくなることなのでしょうか。

自明のことのように思えるかもしれませんが、それほど簡単ではありません。身体の傷や病気などが完全に治ること（治癒、あるいは完治）ではなく、症状がほぼ消失し、コントロールでき、問題がない程度までよくなった状態を「寛解《かんかい》」といいます。私の場合、心筋梗塞は完治したのではなく、寛解したことになっています。冠動脈が閉塞したために心筋が壊死《えし》した箇所は元には戻りません。心電図を見ると、今も異常な波形が見られますが、日常生活を送るには問題はありません。

今後も完治はありえないのなら、（1）の意味では回復したことになりません。もちろん、生命の危機からは脱すること、不断の苦痛が消失することはありがたいことですが、病気になるという大変な経験をしたのに、何もなかったように元に戻ってはいけないと私は考えています。

同じ経験をしても学ばない人は何も学びません。入院していた時に看護師から聞いた言葉を今も時折思い出します。

「ただ助かったで終わる人もおられるのですけどね。でも、これからのことを考え、ゆっくり休んで、もう一度生き直すつもりで頑張りましょう」

生き直そうと思えば、病気になった経験から何事かを学ばなければなりません。

前は知らなかったことを病気をして学べた、そのために病後の人生が変わったと思えたら、病気になってよかったといえます。

ただし、これは病気になった人自身しかいえないことで、他の人がいってはいけないことです。病者は、健康な人から病気になってよかったではないかとはいわれたくはありません。誰も望んで病気になったわけではないからです。

回復とは、身体の存在をまったく意識しないことでも、もちろん、身体と緊張関係にあることや身体による支配関係にあることでもなく、「身体との本来的な関係を確立すること」です。

身体からの呼びかけに応じる

それは、まず、身体からの呼びかけに応じることです。それを無視したり、無害で自分にとって有利な解釈をしないで、身体、病気の現実を直視することです。オランダの精神病理学者ヴァン・デン・ベルクは次のようにいっています。

「ほんとうに健康な人間は傷つきやすい身体をもち、その傷つきやすさに彼自身気づいている。このことは一種の反応性（responsibility）を作り上げるがその反応性は決して当然なことではない」（『病床の心理学』）

いつでも病気になりうるとは思わずに生きている人がいる一方で、傷つきやすい身体を持ち、その傷つきやすさに気づいている「ほんとうに健康な人間」は、自分はどんなに健康であると思える時でも、いつでも病気になりうるということを知っているのです。人が病気になるのは運が悪かったからではなく、誰にとっても不可避なことです。

病気は避けられないことを認め、いつでも病気になりうるということを認めること、病気になった時はその病気を自分のものとして引き受けること、幸い治癒しても助かったですませないこと。このようなことが病気から目を背けずに病気に向き合い、病気の身体が語りかける言葉に応える（respond）ことであり、責任（responsibility）です。

身体からの呼びかけに応じると書きましたが、厳密には呼びかけるのは身体ではありません。身体に異常があることに気づいてもそれを無害な解釈にすり替えるのも、幸い一命を取り留めリハビリに励んでいる時、「今日くらい休んでもかまわないのではないか」などと甘言《かんげん》を弄《ろう》するのも身体ではありません。いずれも、どうすることが自分にとって「ためになる」（善）かを「私」が判断しているのです。身体の声に耳を傾けるのも傾けないのも「私」なのです。

時には、先に見たように、身体の異常を受け入れ（その意味で身体からの呼びかけに応じるのですが）、そうすることで人生の課題を回避する理由にすることがあります。

他方、病気になっても、やがて快方に向かえば仕事をする人もいます。仕事をするのがいいということではありませんが、仕事ができるのに病気を理由にいつまでも休職を続ける人もいます。

安岡章太郎《やすおかしようたろう》は、戦時中、陸軍に徴兵され、満州へ送られましたが、胸部疾患《しつかん》のため内地還送されました。戦後、結核性脊椎《せきつい》カリエスになりました。療養中、寝床の中で腹ばいになり、枕元に原稿用紙を置いて文章を書き始めました。肉体の苦痛を忘れ、そこから逃れるために言葉を書き付けました。

最初は、一日に二、三行しか書けませんでしたが、それでも毎日書いているうちにいつのまにか書き上げた原稿がかなりの厚みになっていることに気づきました。

「そうだ、オレはこれを書くために、生きている」

原稿用紙に自分から絞り出した言葉を書きつけ、それをモザイクのように組み立てながら積み上げていきました。

「そんなものだから、僕の文章は年甲斐もないほど幼稚な感じを与えたかもしれない。しかし、逆に言えば僕は、つくられた思想というか、観念的な概念のようなものが信じられなくなったのだ」（『死との対面』）

病気を押して原稿を書くことは至難の業《わざ》です。しかし、それなら何もしないで横になっていたらいいではないかとまわりの人はいうかもしれませんが、最初は苦痛から逃れるために原稿を書いていても、やがて「これを書くために、生きている」と思えるようになった時、もはや身体、病気には支配されずに生きることができます。

先に病気（身体）による私の支配の次に「私が病気（身体）を支配する」をあげ、これを回復と見ることができますといいました。しかし、正確にいえば、安岡のような人であれば、病気を支配しているという思いもなかったでしょう。

痛みがなくならなければ、痛みは人生の課題に向かうことの妨げになるのは本当ですが、病気である自分も自分として受け入れられることが身体、病気の本来的な関わり方です。

無時間の岸辺に打ち上げられる

次に、病気であろうがなかろうが人が生きている世界の現実を受け入れることです。

ヴァン・デン・ベルクは次のようにいっています。

「あらゆることは時間とともに動いてゆくが、患者は無時間の岸辺に打ち上げられるのだ」(『病床の心理学』)

病気になると、当然あると思っていた未来がなくなるような思いをします。健康な時でも未来は「未《いま》だ来たらず」というよりは端的にないのですが、先の人生が見えるような気がしていただけなのですが。仕事の約束をキャンセルすることを余儀なくされると、それどころか命も危ういという状況の中に置かれると、明日という日がくることすらわからなくなり、明日がもはや今日の延長とは思えなくなります。このことが病気になるまでの生き方を見直すきっかけになり、その後の人生の生き方を変えられることが、病気になったことによってもたらされるよきことであるといえます。

ヴァン・デン・ベルクはこうもいいます。

「人生をもっともひどく誤解しているのは、だれだろうか。健康な人たちではないのか」(前掲書)

病者だけでなく、確かな未来はないのです。「無時間の岸辺」に打ち上げられた患者はこの事実を知ります。時間がなくなるというのは、明日がくることの自明性が崩れるということですが、その意味で時間がなくなったとしてもなお生き続けなければなりません。

一体、無時間の岸辺に打ち上げられた患者は、その後の人生をどう生きればいいのか。

人生を直線でイメージしない

アリストテレスは、キーネーシス（動）とエネルゲイア（現実活動態）を次のように対比しています（『形而上学』）。普通の運動（キーネーシス）においては、始点と終点があります。その運動は速やかに効率的に達成されなければなりません。例えば、通勤や通学時には、一刻も早く勤務先、学校に到着する必要があります。目的地に着くまでの動きは、まだ目的地に到達していないという意味で、未完成で不完全です。「なしつつある」ことではなく、どれだけのことをどれだけの期間に「なしてしまった」かが重要です。

これに対して、エネルゲイアにおいては、「なしつつある」ことがそのまま「なしてしまった」ことです。エネルゲイアとしての動きは、常に完全で「どこからどこまで」という条件とも、「どれだけの間に」ということにも関係がありません。ダンスはこの動きの例になります。ダンスにおいては、踊ること自体に意味があるのであって、ダンスがどこかに行くためにダンスをする人はいません。踊った結果、どこかに到達するでしょうが、どこかに到達することを目的としてダンスをする人はいません。

それでは、生きることはキーネーシスかエネルゲイアなのか。

「あなたは今、人生のどのあたりにいますか」とたずねると、多くの人は人生を直線としてイメージしているので、若い人であれば直線の左の方を、年配の人であれば右の方を指します。この直線は誕生と共に始まり、死で終わるというふうに考えることが、このように答えることとの前提です。しかし、折り返し点（中間点）まではまだ遠いとか、折り返し点を過ぎたところだと答える人がいますが、どうしてそんなことがわかるのでしょう。なぜなら、その問題はまだこれからも長く生きることを前提にしているからであり、実のところ、その点をとうの昔に通過しているかもしれないからです。もっともこれは後になってみないとわかりません。

そもそも人生をこのように空間的に表象し、誕生で始まり死で終わるというふうに、線分の形でイメージできるかは自明のことではありません。病気の人は明日という日がこないかもしれない、長く生きられると思っていたのに叶わないかもしれないと思った時に絶望するかもしれませんが、生きることはダンスにも似て、どこに到達しなくても刻々の「今」を「生きてしまっている」と思えれば、違ったふうに生きられるようになります。

人生をエネルゲイアと見るのは容易ではありません。私はバイパス手術の前夜、執刀医の一人と長く話しました。その時、「もしも七十歳だったら、手術を受けないかもしれない」といったら、思いがけず強い口調で「なぜ？」と問い返されました。

この話の前に、この医師は「手術を受けないという選択肢もありうる」といいました。前日なのに受けないということは可能なのかとたずねたら、「あなたの身体ではないか」と答えが帰ってきて驚きました。既に手術を控え万端の準備が整った時点で、実際に手術をしないことが現実的に可能なのか、あるいは手術をしないことが医学的にどうなのかという問題は措《お》いておくとして、自分の身体のことには自分が責任を持っていいし、持つべきであることを教えられました。

私が医師に五十歳なら手術を受けるけれども（私が手術を受けたのは五十一歳の時でした）、七十歳なら受けないといった時、私は人生を直線的に、つまり、キーネーシスとして見ていたのでした。だからこそ、七十歳であれば手術を受けたとしても残りの人生は長くないから手術を受けないで余生を過ごすだろうと想像したのでした。

しかし、人生を始まりがあって終わりがあるというふうに直線的に見るのではなく、エネルゲイアとして捉え、今を大切に生きることであると見ていたら、たとえ八十歳でも手術を受ける決心をするはずなのです。なぜなら、手術を受けることは、手術を受けなければ生存できないからではなく、手術によって生きられるようになる人生をエネルゲイアとして生きることであるから、残された人生の長さには関係がないのです。

今日この日を満ち足りた一日にする

人生をエネルゲイアと見れば、人生が突然終わることになったとしても、若くして志《こころざし》を遂げずに道半《なか》ばで倒れたことにはなりません。明日のことは誰にもわかりませんが、何かを未来において達成しなくても生は今ここで完成するからです。

回復するというのは、完治して身体が元の状態に戻ることではなく、人生について病気になる前には考えてもいなかった見方、つまり人生をエネルゲイアとして見られるようになることです。そうなるともはや元に戻ることはできなくなり、身体の回復を待たなくてもいいことがわかります。治療によって再び健康を取り戻すことはできるかもしれませんが、治療を受け健康を取り戻すまでの人生も決して仮のものではないと思えるようになります。

病気になって初めて健康のありがたさがわかるといわれます。たしかにその通りですが、健康のありがたさについて語るということは、健康を再び取り戻せることを前提にしています。生《せい》が今完成するのであれば、たとえ回復しなくても絶望しなくてよくなります。

入院していた時、夜なかなか眠ることができませんでした。病院の夜は早く、九時には消灯時間になります。読書灯でその後も本を読み続け、時には深夜になっても眠れないことがありました。そこで、睡眠導入剤を処方してもらったのですが、これを飲めば二度と目が覚めないのではないかと思うと、不安になって飲むことができませんでした。錠剤をテーブルの上に置き飲もうか飲むまいかと悩みました。

しかし、やがて生をただ先に延ばすのではなく、今日のこの日を満ち足りた一日として終えられる幸福感が不安に勝《まさ》るようになると、早朝に採血のために看護師が部屋に入ってきても気づかずに眠っていられるようになりました。

自分の価値は生きていることにある

なぜ不安にならずに眠りにつけるようになり、しかも深く眠れるようになったかといえば、人生をエネルゲイアと見られるようになり、かてて加えて自分の価値を何かを達成することに見出さなくてもいいということに思い当たったからです。刻々に人生が完成しているということは、何も達成しなくてもいいということです。

入院中、家族に看病され、友人も見舞ってくれました。仕事を失っても、そんなこととは関係なく、誰もが私が生きていることを喜んでくれました。そのことから、自分が生きていることが他者の喜びになり、貢献できることを知った私は自分の価値は生きていることにあることを知りました。もしも反対の立場で家族や友人が入院したと聞けば、取るものもとりあえず駆けつけるに違いありません。その時、重体であっても生きているのを知れば嬉しく思うでしょう。同じことを自分に当てはめて考えていいと思ったのです。

自分の価値を生きていることにあると見られるようになると、病気になるまでは価値があると思っていたことに少しも価値がないことに気づきます。

三木は「精神のオートマティズム」という言葉を使っています（『人生論ノート』）。人は通常の生活においてはあまり考えないのです。文化というのは常識の集大成のような物なので、ある文化で生まれ育った人は常識となっている考え方に無意識的に囚われてしまっています。だから、自分で考えているつもりでも実際には誰かの考えの受け売りしかしていないことが多いのです。この精神のオートマティズムを破るのが懐疑です。

「精神の習慣性を破るものが懐疑である。精神が習慣的になるということは精神のうちに自然が流れ込んでいることを意味している。懐疑は精神のオートマティズムを破るものとして既に自然に対する知性の勝利を現わしている」（前掲書）

何事もなければ自分にとって疑う余地がない常識となっている考え方が本当に正しいかどうかなど考えもしないでしょうし、疑ってかかることもしません。

しかし、病気は精神のオートマティズムを破ります。先に見たように人生についての見方が変わりますし、自分にとって本当に重要なことは、お金でも名誉でもないことに気づきます。成功することが幸福であると考えていた人でも、病気になると、成功は命をかけて求めるほどのものではないということに気づきます。

生きることは進化ではなく変化である

病気になるとたちまち多くの問題が起こります。仕事を失ったり生活に困ることになったり、家族との関係に何らかの影響を及ぼすことになります。病気によって失うものはあまりに多いので、病気の状態がマイナスと見なされることがあります。しかし、病気が本当にマイナスであるかは自明ではありません。

アドラーは、人間の生活の全体は「下から上へ、マイナスからプラスへ、敗北から勝利へと進行する」といい、これを「優越性の追求」と呼んでいます（『人生の意味の心理学』）。

しかし、私は病気の状態は「下」でも「マイナス」でもましてや「敗北」でもないと考えています。病者はただ病気という状態になるだけであって、健康な状態と比べて劣《おと》っているわけではありません。病気になることを敗北と見るのは間違いでしょう。「コロナに負けるな」という言い方をする人がいますが、コロナウイルスに感染した人はコロナに負けたわけではありません。同様に治癒した人は病気と闘って勝利したわけではありません。

回復が望めないのであれば、延命措置を打ち切ってもいいということにはなりません。病気や障害のために何もできない人は生きる価値がない、生きていてはいけないと考える人はいないと思いたいですが、自分自身が不治の病《やまい》になるとはまったく考えていない人は、何も作り出せない人は生きる価値がないと考えるかもしれません。

ジッハーは、アドラーの優越性の追求という言葉は上下のイメージを喚起するが、アドラーが「生きることは進化だ」という時、その進化は「上」ではなく、「前」に向かっての動きであり、ここに優劣はないとはいっています（*The Collected Works of Lydia Sicher*）。

ジッハーは、人は皆それぞれの出発点から目標に向かって同じ地平を前に進んでいくのであり、自分より前を歩いている人もいれば、後ろを歩いている人もいる、速く歩く人もいれば、ゆっくりと歩く人もいるが、ただそれだけのことであるといいます。

しかし、このように見ても、なお前に向かうことの方が優れていると取る人は多いでしょう。そもそも、人生が「進化」であると考える点で、ジッハーの考えはアドラーと同じです。

入院していた時に、私はリハビリのために病棟と病棟をつなぐ長い廊下を歩いていました。その時、私はその廊下を誰よりもゆっくりにしか歩けなかったので、皆が後ろから追い抜いていきました。「追い抜かれる」という言い方をする時、私を追い抜いていった人が私よりも優れていることが前提です。

ゆっくりであれ前に向かって歩けばいい。他の人は関係ないのだ。そう考えてみても、前に進むこと、前にいることが、前に進めないで後ろにいることよりも優れており、進化しているという考えはなかなか否定できません。

こうした進化の見地に立つ限り、「上」「下」ではなく「前」「後」という見方を導入したとしても、やはり前には進めない老人や回復が難しい病者は、若い人や健康な人よりも劣っていることにならざるをえないでしょう。

リハビリの結果、やがて私は長い距離を楽に速く歩けるようになりました。そうすると、私は私よりも遅くリハビリを始め、まだ短い距離しか歩けない、今はまだゆっくりとしか歩けない人を追い抜くようになりました。

しかし、だからといって私がその人たちよりも優れているわけではありません。前を歩いていようが後ろを歩いていようが、速く歩いていようがゆっくり歩いていようが、そこに優劣を持ち込むようなことではありません。それぞれの人が自分のペースで歩んでいるだけなのです。

治療を受けたりリハビリに励むのはマイナスの状態からプラスの状態になるためではありません。また、回復が病気の前と同じ状態に戻ることでもありません。そもそも、先にも見たように、回復できない病気があるのです。それでも、リハビリをしても意味がないことにはなりません。人の価値は生きていることにあるのですから、病気であるか健康であるかは関係ないのです。

父は入院中、熱心に理学療法士とリハビリに励んでいました。途中で休憩を挟むのですが、少し休んだ後「もう一回」と言い出すのはいつも父でした。以前のように歩けることを目標にしているのではなく、その時歩けることが嬉しいように見えました。

それでは、生きることが進化ではないとすれば、何なのか。それは「進化」ではなく

「変化」です。前に進めなくなったとしても、その時その時の人のあり方のすべてが生きることなのであって優劣はありません。

幼い子どもは日に日にできることが増えていくことも、健康な人が病気になることも、歳を重ね若い時に難なくできていたことができなくなることも、どれも変化であって以前の状態と今の状態と比べて、進化したとか退化したと見なくてもいいのです。

変化しないということも変化しないという変化です。実際には、変化しないものは何一つありません。変化に気づいていないということはあります。子どものように目覚ましい成長をすることはもはやないとしても、ゆっくりとした変化ならば自分の中にもあることに気づくでしょう。

変化がいいということでもありません。また、変化しなければならないというのも間違っています。前と今とを比べて変化に気づいたとしても、あるいは、できるようになることもできなくなることも価値は同じです。

病者も貢献できる

病気になったり、老いていろいろなことができなくなったりした時に、家族に看病されたり介護されたりすることを恐れる人はいます。そんなことなら誰にも迷惑をかけないで死ねたらいいと考える人もいます。しかし、看病や介護をされることは人に迷惑をかけることになるわけではありません。

自分では何もできない人の看病や介護をする時も、また自力ではできることがあまりない幼い子どもたちの世話をする時も、それを厭《いと》わないで、それどころか嬉々としてする人もいます。なぜそのようなことができるかといえば、貢献感を持てるからです。もちろん、貢献感を持つために看病や介護をするわけではないでしょうが、看病され介護される人は迷惑をかけるのではなく、家族やまわりの人が貢献感を持てる貢献をしているのです。

宮沢賢治《みやざわけんじ》の二歳違いの妹、トシは賢治の献身的な看病にもかかわらず、二十四歳で亡くなりました。賢治の「永訣《えいけつ》の朝」はこの妹を詠《うた》ったものです。その中で、トシは今度生まれてくる時には、病気の苦しみにあっても、こんなに自分のことばかりで苦しまないように生まれてくるといっています。

病気になると、自分のことしか考えられず、他の人のことまで考えられなくなるものですが、トシは自分のことばかりで苦しんでいないことに心打たれます。

みぞれが降った朝、トシは「あめゆじゆとてちてけんじや」（雨雪を取ってきてください）と賢治に頼みました。

「ああとし子
死ぬといふいまごろになつて
わたくしをいつしやうあかるくするために
こんなさつぱりした雪のひとわんを
おまへはわたくしにたのんだのだ
ありがたうわたくしのけなげないもうとよ
わたくしもまつすぐにすすんでいくから」

トシが雪を一椀取ってくるように頼んだことを賢治は、私を一生明るくするためだといっています。しかし、トシは自分がこんな形で賢治に貢献していることを知らなかったのです。

人の価値は生きていることにあります。生きていることがそのままで他者にとっての喜びであり、生きていることだけで他者に貢献しています。そうだとすれば、病気になったからといって、自分にはもはや価値がないと思わなくてもいいはずです。

しかし、トシはこのようには思えなかったのでしょう。だから、こんなに自分のことばかりで苦しむことのないように今度は生まれてきたいといったのです。トシでなくても病気になると、人に迷惑ばかりかけていると思ってしまいます。

しかし、トシが雪を一椀所望《しよもう》したことは賢治の一生を明るくしました。賢治が妹にいった「ありがとう」は妹に貢献できたことへのありがとうです。先に見たように、病者は家族に迷惑をかけるどころか、家族が貢献感を持てるという光景を描いているのです。

詩では、トシが賢治を一生明るくするために雪の一椀を頼んだことになっています。しかし、もとより、賢治は妹の存在そのものが自分を一生明るくすることを知っていたに違いありません。

生還することの意味

病者の貢献にはもう一つの意味があります。

「洞窟《どうくつ》の比喩」といわれる話がプラトンの『国家』の中にあります。地中深く穿《うが》たれた洞窟があって、これには外界の光へと開かれた大きな穴があります。人は子どもの頃から手足も帯も縛られたままでいるので動くことができず、前の方ばかり見ています。頭上には燃える火があって、この光が人を後ろから照らしています。この火と火との間に道が上についていて、その道に沿って低い壁がしつらえてあります。

この道を人が道具や像などを持って歩きます。すると、それらの影が火の光で投影されて壁に映《うつ》ります。縛られて首を後ろへめぐらせない人は影しか見ることができず、その影を実物と思い込んでしまいます。

ところが、彼らの一人が、ある時縛《いまし》めを解かれて立ち上がり、首をめぐらすように強制されたとします。何が起こるでしょう。この囚人は以前は影しか見ていなかったので、明るい光を見ると目が眩《くら》み、今見ているものこそよりリアルなものであるといわれても、すぐには信じることができません。もしも直接光そのものを見つめるように強制されたら目が痛くなるので、向きを変え自分がよく見ることができるものの方へと逃げて行こうとするでしょう。

さらに、地下の洞窟の外へと急な坂を引っ張っていかれたら、目は輝きで一杯になって、真実であるといわれているものが何一つ見えなくなってしまいます。しかし、やがて縛めを解かれると、この上方の世界にある事物こそ「常に恒常のあり方を保つもの」（イデア）であることを知ります。そして、もはや壁に映るものが本物だとは思わなくなります。

茨木《いばらぎ》のり子《こ》は戦争中、学校から薬品製造工場への動員令がきた時のことを書いています（「はたちが敗戦」『茨木のり子集　言の葉1』）。

「『こういう非常時だ、お互い、どこで死んでも仕方がないと思え』という父の言に送られて、夜行で発つべく郷里の駅頭に立ったとき、天空輝くばかりの星空で、とりわけ蠍《さそり》座がぎらぎらと見事だった。当時私の唯一の楽しみは星をみることで、それだけが残されたたった一つの美しいものだった。だからリュックの中にも星座早見表だけは入れることを忘れなかった」

茨木には「蠍座の赤く怒る首星　アンタレース」を詠った詩があります（「夏の星に」）。夏空に輝く星々に詩人は呼びかけています。

「うつくしい者たちよ
わたくしが地上の宝石を欲しがらないのは

すでに
あなた達を視てしまったからなのだ　きっと」

天上の美を「視てしまった」茨木の関心は永遠の美、プラトンの言葉を使えば、美のイデアへ向かい、この世の移ろう美から離れていったのでしょう。「地上の宝石を欲しがらない」というのは、常識的な価値観からも離れていったということです。輝く星空を見て、明日生きているかもわからないような時代には、「地上の宝石」を求めるのには意味はないことを悟ったのです。

健康な時には「地上の宝石」をほしいと思い、そのために働いていた人でも、病気になるとこれと同じ経験をします。価値があると思っていたお金や名誉や社会的な地位などにはまったく価値がなかったことに気づきます。

三木清は人生を砂浜で貝を拾うことに喩えています。この砂浜の彼方《かなた》には大きな音を響《ひび》かせている暗い海があります。これに気づいている人もいれば、気づいていない人もいます。

ところが、「何かの機会が彼等を思い立たせずにはおかなかったとき」に籠《かご》の中を調べてみると、かつて美しいと思って拾い上げたものが醜《みにく》いものであり、輝いていたと思っていたものが光沢のないものであり、貝だと思っていたものがただの石であることを発見するのです。その「何かの機会」の一つが病気になった時です。

「しかしもうそのときには彼等の傍に横たわり拡がっていた海が破壊的な大波をもって襲い寄せて彼等をひとたまりもなく深い闇の中に浚《さら》っていくときは来ておるのである」(『語られざる哲学』)

「破壊的な大波」というのは死です。死は生涯せっせと拾い集めた貝と共に人を深い闇の中へと浚って行きます。人生の終わりに死が待っていることを知らないはずはないのに、病気になるまではそんなことは少しも考えないのです。

私は、病気になった時に、プラトンの洞窟の比喩を思い出しました。病気になって私は暗闇から光へと転向することに匹敵する経験をしたのです。茨木や三木の話に則していえば、本当に価値があるものとそうではないものが何であるかがわかったということです。病者は、先に見たように、ベルクがいう「無時間の岸辺」に打ち上げられます。回復するかどうかはわかりませんが、もはや元に戻ることができなくなりますが、病気になる前は見えていなかったものが見えるようになるのではないかと考えたのです。

もちろん、病気になってもまたすぐに元に戻る人はいます。そのような人は身体全体を光の方へと向け変えず、首だけをめぐらすだけなので、回復した時にたちまち元に戻ってしまいます。

私が興味深く思うのは、縛めを解かれてイデアを見てしまった哲学者がその世界に留まることを許されず、再び洞窟の中に戻っていかなければならないことです。完治しなくても寛解《かんかい》すれば、いつまでも病院に留まることは許されず、現世《げんせ》に戻っていかなければならないように。哲学者のシモーヌ・ヴェイユは、この時哲学者は自分自身の肉体に受肉し直すのだといいます。

「ようするに、魂を身体から引き剝がし、神のもとへといたる死の旅路を経験したあと、この世界に、この地上的な生に、超自然的な光を分ち与えるために、聖人は自分自身の身体になんらかのかたちで受肉しなければならない」（シモーヌ・ヴェーユ『ギリシアの泉』）

当然、イエスより前の時代に生きたプラトンが受肉や聖人というような言葉を使っているわけではありませんが、私は心筋梗塞で入院していた時に、ヴェイユの書いたこの一節を読んで、生還できたことには意味があったと思ったのです。

生還して何をするかは人によって違いますが、病気になって学んだことを伝えることができます。病気になった人でなければわからないことがあるので、同じ病気になってこれから何が起こるかわからず不安な人に自分の経験を伝えるということもありますが、病気になって知った人生について見方を伝えることができます。

これを生還して今は健康な人に伝えることが病者の貢献の仕方です。たとえ治癒しなくても、病気になる以前には見えなかったことが見えたことそれ自体に意味があり、それを病気でない人に伝えることができるとしたら、そのことに病気の意味を見出すことができます。「病気になってよかった」というのは、この意味で病気になった人にしかいえないことがわかります。

大病で倒れたスポーツ選手が、不屈の精神でトレーニングに励み、病気の前と変わらない優れた記録を達成する姿はたしかに多くの人を勇気づけますが、病気を経験したことで何を学んだかが重要です。現役に復帰するかしないかは結果でしかありません。スポーツの道を断念しなければならなくなったからといって、その人の価値が下がるということはありません。

第六章

老いの不安

いつ老いを意識するようになるか

老いは若い人にとって可能的なものであり、現実的なものではありませんが、長生きすればいずれ直面しないわけにはいきません。

若い人には実感できないでしょうが、歳を重ねると老いを意識するようになります。自分では若いと思っていても、歯が弱ったり、近くのものが見えにくくなったり、また耳が聞こえなくなったりします。いつ頃から意識するようになるかは人によって違います。歳を重ねても自分が老いていると意識しない人はいます。突然何かができなくなるというよりは、少しずついろいろなことができなくなっていくので、突然病気で倒れる時よりも変化を受け入れることが容易ともいえます。

老いについても、考え方は病気の場合と同じです。老いは「退化」ではなく「変化」です。老いた今が若い時と比べて劣っているわけではなく、ただ老いているという状態にあるだけと見るということです。逆にいえば、健康や若さがプラスであると見る必要はありません。

しかし、自分では老いたと思いたくなくても、できないことが増えると、これをただ変化と受け止めることが難しい人はいるでしょう。これまでは人に頼らず生きてこられたのに、家族に介護されなければ生きられないことになるかもしれないと思うと、経済的な不安がなくても、これから先の人生を思って不安になります。

経済的な不安があればなおさらこの不安は増幅されることになりますが、ただいろいろなことができなくなるという身体の問題以上に、病気になる時と同じように、家族に迷惑をかけるのではないかという対人関係の問題のために不安になるのです。

人間の価値

老いはまた価値の問題でもあります。私の父はもう若いとはいえない年齢の時に、電車の中で席を譲られることをひどく嫌っていました。小説家の黒井千次《くろいせんじ》は、電車の中で小学生に席を譲られ、もう優先席を譲られる歳になったのかと感慨に浸《ひた》ったと書いています（『老いるということ』）。

私自身の経験でいえば、冠動脈のバイパス手術を受けた後、長く胸にバンドをしていたことがありました。それを見た人から電車で席を譲られたことが何度かありました。バンドをしていなければ、術後間もないことは誰にも気づかれなかったでしょう。席を譲られると私も父や黒井のように困惑もしましたが、立っているのがつらく、できるものなら席を代わってほしいと思っていたのに言い出せなかったのでありがたく思いました。

席を代わってほしいと思えば代わってほしいといえばいいだけです。反対の立場であれば、断る人はいないでしょう。

老いの問題は、できないのにできると思うことにあります。できないからといって、自分の価値が減じるわけではありません。人間の価値は何かができることにあると考える人が病気や老いのためにいろいろなことができなくなると、もはや自分には生きる価値がないと思うことがあります。

定年を迎えた人が暗澹《あんたん》たる思いをするのも、自分にはもはや価値がないと思うからです。そこで、何とか仕事を続けようと思います。もちろん、生活のために仕事を続ける必要はありますが、自分に価値があると思いたいために仕事をするというのでは、病気になった時に失意の日を過ごすことになります。

さらに、身体が不自由になることもさりながら、物忘れがひどくなると、実際に生活に支障が出てくることが問題です。アドラーはこのようなことになると、自分を過小評価することになり、そのことが強い劣等感を生むことになるといっています（*Über den nervösen Charakter*）。老化は主観的な感覚ではないところが問題を複雑にします。

この場合も、物忘れがひどくなったことを理由に、できることもできないという人はいます。昔ほどの記憶力がなくなった、すぐに忘れてしまうといって、新しいことに挑戦しようとしない人がいます。大抵のことは学生の時のように一生懸命取り組めば身につかないわけではありませんが、そのような努力をしたくない人が記憶力の減退を課題に取り組まないための口実にするのです。

そのような人は若い時からも課題を回避する傾向があったのです。そのような人にとっては、老年はつらいものになります。

老年は不幸の原因ではない

また、病気と同様、加齢は死の問題と密接に結びついています。ただ歳を重ねるわけではなく、老いの先には死が待ち構えているからです。アドラーは次のようにいっています。
「身体が速やかに衰えたり心が動揺することは、〈死ねば〉完全に消滅することの証拠であると恐れる人は多い」（『生きる意味を求めて』）
病気、老い、死にどう対処するかは人によって違いますが、同じ人においては、どの問題についても対処の仕方は同じです。他者から援助を受けても当然だと思うような自己中心的な人や、病気や老いを理由に自分の課題から逃げようとする人がいます。そのような人は自分が不幸だと思うでしょうが、今は病気になったり、老いを意識するようになったからではなく、若い頃からそうだったはずです。

プラトンの『国家』の中に次のような議論があります。ソクラテスは、ケパロスという信心深く温厚な老人と語ります。

老人は、酒を飲んだり騒いだりセックスをしたりするような若い頃の快楽が今はないことを嘆《なげ》き、かつては幸福に生きていたのに今は生きてさえいないかのように嘆き悲しむ。中には、身内の者が老人を虐待するといってこぼす人もいる。そうしたことにかこつけて、老年が自分たちにとってどれほど不幸の原因になっているかと訴えます。

しかし、とケパロスはソクラテスにいいます。

「そういう人は、本当の原因でないものを原因だと考えているように私には思える」

老年が不幸の原因だとすると、自分も同じ経験をしているはずなのにそうではないというわけです。

それでは、不幸の原因とは何か。

「ソクラテス、それは老年ではなく、人の性格である。端正《たんせい》で足るを知る人でありさえすれば、老年もそれほど苦になるものではない。しかし、そうでなければ、そういう人にとっては、ソクラテスよ、老年も青春もつらいものとなる」

ここでケパロスが端正で足るを知るのでなければ、「青春もつらいものとなる」といっていることに注目しなければなりません。歳を重ねたからといって、誰もが老年を苦に思うわけではありませんし、逆に、青春も「端正で足るを知る人」でなければ、やはり満足できないのです。

もっとも、歳がいけば誰もが端正で足るを知るようになるわけではありません。若い時に足るを知る生き方をしていた人は歳がいっても変わりません。足るを知らない人は、既に必要なものを持っているのに、いつまでも満足できません。穴の開いた花瓶に水を注いでも、いつまでも水が満たないのと同じです。

歳をとればできないことは増えます。しかし、だからといって不幸になるとは限りません。かつて持っていたものが今はないと不平をいう人は、若い時もそうだったに違いありません。そのような人は若い時も老いても何を手にしても満足しないでしょう。

与えられたものをどう使うか

どうすれば、人生はつらいものにならないか。

キケローが次のようにいっています。

「今、青年の体力が欲しいなどと思わないのは、ちょうど、若い時に牛や象の力が欲しいと思わなかったのと同じだ。在るものを使う、そして何をするにしても体力に応じて行うのがよいのだ」(『老年について』)

これはアドラーが、「大切なことは、何が与えられているかではなく、与えられたものをどう使うかだ」といっていることを想起させます(『人はなぜ神経症になるのか』)。

アドラーは「更年期の危機」について語っています。更年期は必ずしも危機であるわけではありません。しかし、もしも若さと美にしか価値を見てこなかった人であれば、更年期に「人目を引く仕方で苦しみ、またしばしば自分に不正がなされたかのように、力のこもった防衛態度を取って不機嫌になり、さらにはこの不機嫌からうつ病になることもある」(『生きる意味を求めて』)。

人はいつまでも若くあり続けることはできません。しかし、歳を重ねると若くなくなりますが、美しくなくなるわけではありません。美を若さと結びつけて考える人が若くなくなれば美しくなくなると考えているだけです。若さと美に自分の価値を見出していた人であれば、歳を重ねると失望することになります。

アドラーは、もはや自分が必要とされないのではないかと考える老人は、子どもがいうことを何一つ断らない優しい老人になるか、がみがみいう批評家になるといっています。そのように感じることがないように「六十、七十あるいは八十歳の人にすら、仕事を辞めるように勧めてはいけない」とアドラーはいっています（前掲書）。

しかし、アドラーは働くことを勧める時に、人間の価値を何ができるかで測るという考え方から脱却できていません。働いていてもいなくても、またどこにも所属していなくても、「無所属の時間」を「人間を人間としてよみがえらせ、より大きく育てあげる時間」（城山三郎『無所属の時間で生きる』）と思えるためには、人間の価値を生産性ではなく、生きることに見なければなりません。

失われた若さや美しさ、健康を嘆くのではなく、自分が生きていることがそのままで他者に貢献していると思えることが、老年期の危機を乗り切るために必要です。

知と経験の蓄積

若い時と比べて今が優れているということではありませんが、知識や経験が蓄積したことは長く生きられてありがたいことだと私は考えています。物やお金への執着はまったくありませんが、仮にもう一度若い日に戻れるとしても知識と経験の蓄積がリセットされることが条件だといわれたら、ためらうことなく若い日に戻るのではなく、今のままでいることを選ぶでしょう。

ただ経験を重ねることでは賢《かしこ》くなれませんが、記憶力のような知力ではなく、いわば総合力としての知力を身につけるためには、若い頃からの長きにわたっての経験に基づいた粘《ねば》り強い思索の積み重ねが必要です。

精神科医の神谷美恵子《かみやみえこ》が『生きがいについて』を執筆中、日記に次のように書いています。

「過去の経験も勉強もみな生かして統一できるということは何という感動だろう。毎日それを考え、考えるたびに深い喜びにみたされている」(『神谷美恵子日記』)

それまでの人生で経験したことを「みな生かして統一できる」ことは喜びなのです。

第七章

死の不安

誰も知らない死

病気や老いの先に待ち構えている死についてはそれがどういうものであるか誰も知らないので、不安にならないわけにはいきません。あまりに死の不安が強いと、仕事も何も手につかなくなることがあります。

病気や老いはそれがどんなものであるかは、自分が経験していなくても自分のまわりの人を見れば、ある程度は想像できますし、病気になったり老いたりするとどうなるのかを経験した人にたずねることもできます。

もっとも、自分が体験すると、想像していたのとは違っていたということはあります。仕事中毒の人は病気のために仕事ができなくなることを恐れるでしょうが、一度仕事を休んでゆっくりと入院してみるのも悪くないと考えるかもしれません。しかし、実際に入院してみると、ゆっくり過ごすどころではなく、絶え間ない痛みや高熱のために何もできないのです。

他の人を見ていると老いや病気がどんなものかがわかると書きましたが、誰もが老いや病気を同じように体験しているわけではありません。このことについては先に見た通りです。病気になっても易々《やすやす》と過ごしている人を見ると、病気になってもさほど苦しまないかもしれないと想像するかもしれませんが、これも実際に病気にならないとどうなるかわかりません。

老いや病気と違って誰も生きている時には体験できない死の不安にどう対処するかは難しい問題です。自分が死ぬ時に他者の死を見て想像していたのとはまったく違うことがわかるかもしれません。他者が死んだ時、その人はこの世界からいなくなりますが、自分が死ねば自分も世界も無になるかもしれず、そうなると自分が思っていた死とは違っていたということもわからないでしょう。

それでも、人間が死すべき存在であるということがどういうことなのかは考えなければなりません。人間が避けることができない死について考える時に生じる不安は実存的不安というべきものですが、人生の課題を回避するために作り出される死の不安もあります。本章では、まず、人生の課題を回避するための死の不安について考え、次に、死すべき存在としての人間であることから生じる実存的不安について考えます。

人生の嘘としての死の不安

人間が死ななければならないという現実に目を向けることを恐れる人は、パスカルの言葉を使うと「慰戯」を見出そうとします。慰戯とは気休め、気晴らし、憂《う》さ晴らしという意味というのは先にも述べました。慰戯は不安定を覆います。

慰戯によって向き合わなければならない課題から逃げたり、向き合うことを回避しようとする人がいます。

死の不安ですら慰戯になります。なぜなら、死の恐怖を誇張することで、向き合わなければならない人生の課題から、意識を死にのみ向けて逃げられるからです。

いつも死のことばかり考えていれば、生きることを疎《おろそ》かにするようになります。何かに気を取られ、話しかけても上の空である人のようです。死のことばかり考えている人は、自分が向き合わなければならない現実から目を逸《そ》らすために死のことを考え、不安になります。何も手につかなくするために死を恐れ不安になるというのが本当です。

アドラーは死や病気を恐れることは、どんな仕事もしないですませるための口実だといっています。なぜ仕事をしないでおこうと考えるかといえば、先にも見ましたが失敗すること、期待される結果を出せないことを恐れるからです。

アドラーは、神経症者について次のように説明します。失敗することは、虚栄心と威信にとっての脅威です。成功する見込みがなければ、課題に立ち向かおうとしません。その際、自尊感情と威信を失うことを恐れます。

失敗して、自尊感情、威信を失うよりは死を選ぼうとする人がいます。死（自殺）によって、自尊感情、威信が失われることを回避できると考えるのです。

アドラーがあげる次のような事例を見てみましょう（'Das Todesproblem in der Neurose'）。三十歳の、結婚して六ヶ月の教師は、不況下、職を失いました。夫も無職でした。そこで、非常に不本意ながら、事務員として働く決心をしました。毎日、地下鉄に乗って職場に行きました。

ある日、職場で、突然、今すぐ椅子から立ち上がらなければ死ぬに違いないという考えに囚われました。同僚が彼女を家へ連れて帰るとショックから立ち直りました。しかし、その後、地下鉄に乗るたびに、突然死ぬという思いが彼女を襲うことになりました。そのため、仕事を続けることはまったくできなくなりました。このことから何がわかるでしょうか。アドラーは、次のように解釈します。

「彼女は強い虚栄心、自惚《うぬぼ》れ、おそらくは、誇張された自己意識（自尊心）を持っていて、共同体感覚と活動性を欠いているに違いない」

アドラーは、これを甘やかされた子どものライフスタイルの特徴と見ます。「共同体感覚を欠いている」というのは、「他者への関心を持っていない」ということです。自分が人からどう思われるかを気にしてばかりいる人は、自分にしか関心がないのです。

また、甘やかされた子どものライフスタイルのまま大人になった人は、苦境に陥った時そこから脱するために自分では何もしようとしないで他者の援助を求めます。自力ではどうすることもできず、他者の援助を求めることが必要な場合もありますが、初めから援助されることを当然と思い、自分から苦境から抜け出すために行動を起こさない人がいます。そのような人は「活動性を欠いている」のです。

教師であった彼女は、たとえ生活のためにやむをえないとはいえ、事務員として働くことに耐えられなかったのでしょう。そうすることは「品位を落とすことであり、完全な失敗」に思えたのです。

彼女は三人きょうだい、上が姉、下が弟の第二子でした。第二子は第一子に何とか勝とうとします。彼女はまさにそのようにしました。姉は気難しい父親を前にして何一つ自分の意志を通せませんでした。それに対して、彼女はいつも、そして、大抵は泣くことで自分の思いを遂げることができました。これはアドラーがよくいう「水の力」です。泣かれるとまわりは軟化し、要求を聞き入れてしまいます。彼女はこの力によって、姉が得たもたと言い張りました。彼女も指輪がほしいと言い張りました。姉は期末試験の時に母親から指輪をもらいました。彼女も指輪がほしいと言い張りました。そして、同じ指輪を手に入れるまで泣き続けました。

父親のお気に入りだった弟は彼女の強敵でした。父親は妻にも娘たちにもあまり関心を持っていませんでした。両親の結婚も幸福とはいえませんでした。そのため、男性を信頼できないようになりました。そう彼女は考えていました。結婚生活は幸せかとたずねられると彼女は激しく泣き、自分ほど幸せな女性はいないといいました。

なぜ泣いたのかと問われ、彼女は答えました。このままであり続けるはずはないといつも恐れていた、と。このことから、現実的なものであれ、可能的なものであれ、失敗することが彼女を動揺させることがわかります。アドラーは説明します。

「彼女が目指した明らかな最終目標は、自分が容易に動揺し、まわりの人の優しさに頼る人だということを習慣的に、もっとも連関を理解することなく示すことで、優越性と安全を強化することだった。したがって、あらゆる神経症者がそうであるように、先に述べたように、他者にあまり関心を持たず、むしろ搾取の対象とし、ほとんど活動性を示さないタイプに属している」

困っている人をまわりは放っておくことはできません。これが他者を「搾取の対象」とするということです。

死の問題に戻るならば、彼女は地下鉄に乗った時に、ショック症状を起こしました。自分の品位を落とすことになる、あるいは、成功しないかもしれないと彼女が見なした仕事との間に、死の問題を身を守るために置いたのです。

彼女が見た夢も同じことを示しています。死んだ人が現れるのです。こうして、眠っている間も、死の問題から離れることがないようになりました。彼女は次のようにいいたいように見えます。

「この仕事を続けるくらいなら、死んだ方がましだ」

結局のところ、彼女が望んでいるのは死などではまったくなく、仕事を放棄すること、放り出すことを意味しているだけだとアドラーは分析します。

両親の結婚も幸福とはいえなかったので、そのために男性を信頼できないようになったと彼女は考えていたと書きましたが、これは彼女の自分が男性を信頼できないということの理由として両親の結婚が幸福なものではなかったことをあげているのであって、実際には因果関係があるわけではありません。そのような理由を過去の記憶の中から持ち出さなければならなかったのです。

死の問題も、同様に、仕事を続けることができないと自他共に認められるために持ち出してきたわけです。アドラーは、このような人生の課題を回避するために持ち出される口実を「人生の嘘」と呼んでいることは先に見ました。

死を望む人などいないのです。たとえ瀕死の重傷を負っていても、自分が死ぬとは思っていません。ドストエフスキーは、おそらく自分の体験に基づいて、死を宣告され死を免《まぬが》れない人の苦痛は、暴漢に襲われ頭から血を流して瀕死の重傷を負っていても、なお自分が助かるかもしれないという希望を持っている人よりもはるかに大きいということをムイシュキン公爵に語らせています（『白痴』）。

アドラーは先に引いたのと同じ論文で、高いビルに登ると窓から飛び降りたいという衝動に駆られる五十歳の男性のケースをあげています。その症状は思春期の頃に始まったが、強くなったのは、彼が仕事では成功を収めたが、高い階にいる人を訪問しなければならなくなった時からです。彼はたくさんいるきょうだいの末っ子で、甘やかされた子どもの特徴をすべて持っていましたが、今やそれを大部分克服しました。

アドラーはこれとは年齢以外はほぼ同じケースを別の著作の中で引いています。そこでは、窓から飛び降りたいという欲求を持っていましたが、「しかし、その欲求を克服し、なおも生きているではないか！　自分自身に勝ったのだ」といっています（『人はなぜ神経症になるのか』）。

この人の早期回想は次のようなものです。

「初めて学校に行った日は怖かった。そこで彼に飛びかかってきそうな男の子に会った。ほとんど気を失いそうだった、でも、力の限りを振り絞って、飛びかかっていった」

これはショックの中で生じた死の恐れが、この恐怖を克服することで自分を勝利者として感じられたケースであるとアドラーは説明します。アドラーは「『でも』というちょっとした言葉は劣等感に対する補償という豊かな意味を持っている」という肯定的な評価をするけれども、他方、次のようにも指摘します。

この人は、後になって、仕事の場面でも、子どもの時と同じように、恐怖を克服することにヒロイズムを見出しているのですが、このようなことは「子どもっぽい遊び」であり、自分の価値を守るための「仮想的な方法」だといいます。死の恐れ、窓から飛び降りたくなるという衝動は、それが起こる連関を知れば、必要のないものになったでしょう。

以上のケースにおいて現れる死の問題は、偽の死問題です。人生の課題から逃れるための死の恐れであって、この恐れが克服されたとしても、それでもなお死すべき存在としての人は死の問題から離れることはできません。生きるにあたって目を向けないわけにはいかない死を考えた時に起きる不安、実存的な不安について考えることは真正の死問題です。

死の不安と向き合う

課題の解決から逃れるための死の問題が解決されたとしても、人が死すべき存在であるという事実は動かすことはできません。これまで死ななかった人は誰もいません。そして、死んで蘇《よみがえ》った人もいません。死がどういうものかは誰にもわからないということです。

死を恐れないための一つの方法は死についてまったく考えないことです。しかし、遅かれ早かれ人が死ぬことを知ることになります。その後、そのことをあまり深刻に受け止めない人もいますが、生きていくことが困難になるほど絶望する人もいます。

死がどういうものであるかがわからなければ、死を前に不安になり、死を恐れるのは当然でしょう。私は小学生の時に、祖母、祖父、弟の死に接してこの世に死というものがあるのを知りました。一度知ってしまうと、元に戻ることはできませんでした。

死ねば、今、生きて感じていること、考えていること、さらには自分が生きたこともすべて無になるかもしれない。それなのに、親も含めてまわりの大人たちは死などないかのように生きていて、死を恐れているようには見えませんでした。そのことを私は許せませんでした。この時の経験が後に哲学を学ぶきっかけの一つになりました。

死がどういうものかわからないのであれば、それが恐ろしいものかどうかは誰にもわからないはずです。死を恐れるのは、死について何も知らないのに知っていると思っているということです。死を恐ろしいと思わないために、死について知っていると思いたいともいえますが、プラトンがソクラテスに語らせているように、死はあらゆる善《よ》きものの中で最大のものかもしれないのです（『ソクラテスの弁明』）。

そうであれば、死を怖いのだと決めつけず、死から目を背けずに死と向き合わなければなりません。パスカルがこんなことをいっています。

「人間はひとくきの葦《あし》にすぎず、自然の中でもっとも弱い」（『パンセ』）

人間はこの宇宙の中でもっとも弱い存在です。

「しかし、それは考える葦である」（前掲書）

「考える葦」とはどういう意味か。

「たとえ宇宙が彼を押しつぶしても、人間は自分を殺すものより貴いだろう。なぜなら、人間は自分が死ぬこと、そして宇宙が自分よりも優勢であることを知っているからである。宇宙は何も知らない」（前掲書）

人間は自分が死ぬこと、宇宙が自分よりも優勢であることを自覚しているのである。この自覚があるからこそ、人間は貴いとパスカルはいいます。

この死すべき者であるという自覚は「人間は死すべきものである」ことを一般的な命題として知ることではありません。

いつか自分も死ぬだろうとは思っていても、他人事でしかない人はいます。自分だけは死なないと思っているから生きられるということはありますが、一旦、死が自分の身に降りかかると、もはや他人事ではなくなります。

病気になったり、大きな怪我をしたりして、多少なりとも死ぬかもしれないと思うような経験をした時にです。自分が愛する人の死も同じです。その人が自分にとってどれほど大切な人であったかを知ることになります。そうなると、もはや元の自分ではいられなくなり、死は他人事ではなくなります。

この時、死を受け入れようとしない人はいます。こんな話が仏典に伝えられています。ようやく歩き始めたばかりの幼い一人息子を亡くし、悲しみにひしがれていたキサーゴータミーという母親に、釈尊《しゃくそん》は「一度も葬式を出したことがない家から白い芥子《けし》の実をもらってくるように」といいました。キサーゴータミーはそのような家はなく、死はどこの家にもあることを知りました。

三木清は次のようにいっています。

「自分の愛する者の死を知ったとき、或いは自分自身が直接死に面したとき、死は我々すべてが従わなければならぬ自然必然性であるとして、我々は平然としているであろうか。むしろ我々はそのような打勝ち難い自然法則、自明の真理に対して憤怒を感じ、その克服を欲せざるを得ないであろう」(「シェストフ的不安について」)

愛する人を失うという理不尽な経験をした人は憤怒を感じ、自然法則を克服したいと思います。アドラーが医師になったのは「死を殺したかった」からだといっています (Manaster et al. eds, *Alfred Adler: As We Remember Him*)。

どんな病気も多かれ少なかれ死を予感させるので、自分が病気になると人生の見方が変わらないわけにはいきません。もちろん、退院すれば病気をしたことなどすっかり忘れてしまう人もいますが、それまではこれから自分が生きる人生を想像したり、設計していたりしていた人が、病の床で自分の命がいくばくもないかもしれないことを知った時はもとより、幸い、一命を取り留めたとしても、その後の人生が変わってきます。理不尽に思える経験をした人は、三木がいうように憤怒を感じる人はいるでしょう。深い悲しみを感じる人もいるでしょう。

このように、家族を亡くしたり自分も大病を経験したりして死に直面した人にとって、死はもはや他人事ではなくなり、これからの自分の人生はどうなるのだろうと思って不安になります。

死がどういうものかわかっていたら、死を前に不安になったり死を恐れないかといえばそうともいえません。

死がどんなものかは誰にもわかりません。自分が死ねばどうなるかは他の死を見れば、ある程度想像できますが、実際にどうなるかはわかりません。しかし、まず、死から目を背けないことが必要です。

死の希望

他者の死は不在です。死んだ人はこの世界からいなくなりますが、世界そのものがなくなるわけではありません。旅に出た友人と何年も会わないのと変わりはありません。しかし、自分が死ぬということは自分が生きていた世界が消滅し、自分は無になるということかもしれません。

確実なことは、死がどのようなものであれ、死んだ人とはもはや二度と会うことはできないということです。生者は死者と再会できませんし、自分も死ねば生者の誰とも再会できません。しかし、人は死ねばどうなるかわからないからこそ、生きる希望を持てるともいえます。三木は次のようにいっています。

「私にとって死の恐怖は如何にして薄らいでいったか。自分の親しかったものと死別することが次第に多くなったためである。もし私が彼等と再会することができる——これは私の最大の希望である——とすれば、それは私の死においてのほか不可能であろう」(『人生論ノート』)

これから百万年生きながらえるとしても、この世では死者と会うことはできません。その確率はゼロです。死ねば会えるかといえばわかりません。しかし、確率がゼロであるとは誰も断言できないでしょう。
哲学者の森有正も次のようにいっています。
「死人を呼びかえすことができなければ、自分が死の中へ入って行くほかないだろう。どうしてこんな簡単な真理が判らなかったのだろう」（『流れのほとりにて』）
森は娘の一人を亡くしている。
「これから先、僕はどこへ歩いてゆけば娘に会えるのだろう」「こうして歩いて行けば、少しは去っていった娘と近くなるのだろうか。しかし立ち止まれば、いつまでたっても、娘のところに行くことはできない。だから僕はどうしても歩きつづけなければならない」（前掲書）
自分が生きている限り、死者との再会は叶いませんが、自分が死ねばその可能性はあるということで、必ずそうなるというのではありません。しかし、死がどういうものかわからないのに、死が生と連続したものと考えることに問題がないわけではありません。
死がどういうものか知りたくて、死を知っているものとの類比で理解しようとする人は死を無効化しようとします。人は本当は死んで〈ない〉と見なし、そうすることで愛する人の死を受け入れようとするのです。死んだのではなく、死はこの人生から別の人生へと移行することであり、死んだけれども無になったのではなく、何らかの形で残っているというふうに理解しようとします。また、霊媒者の力を借りれば、死者と交信できると考える人もいます。

死を前にした人、愛する人と死別した人が死後の生を望む気持ちはよくわかります。死後も人が無にはならないと信じられれば、死の不安を克服でき、残された人は癒《いや》されるのです。しかし、死んでも決して無にならないという保証はないので、この期待が死の不安を克服するとは思えません。

死を無効化することの何が問題かといえば、この人生での苦しみから死ねば逃れられると考える人がいることとです。苦しむことがいいはずはありませんが、死ぬことがどういうことかはわからないのに、死ねば問題を解決できると思って命を絶つことを思いとどまってほしいのです。

先に引いた三木や森もこれと同じ考えであるように見えますが、死者と再会するためには自分の死においてであると考えていることからわかるように、生と死との絶対的断絶が前提になっています。生きたまま、死んではいない死者に会おうとしているのではないということです。

死について価値判断をしない

病気や老いが「変化」であるのと同様、死もまた変化であり、それについて善いとか悪いとかの価値判断をする必要はありません。

古代ローマ皇帝のマルクス・アウレリウスは次のようにいっています。

「死は出生と同じく自然の神秘である」（『自省録』）

死は出生と同じようにこの宇宙で起きる自然の事象であると考えれば、生を悲しむことがないように、死を悲しむことも恐れることもありません。

とはいえ、死を悲しむことも恐れることもないというのは、死は「自然の事象」なので、そのこと自体は悲しむことも恐れることもないということです。比較的、花期が長い梅と違って、桜や牡丹《ぼたん》は開花したことを知ると、もういつ散るのかと気が気ではありません。しかし、当然のことながら、花は人に見られるために咲いているわけではありません。咲いたと思ったらすぐに散ったとしても、それは「自然の事象」でしかありませんし、早く散ってしまった自分の運命を悲しむことはないでしょう。

しかし、人は花が散るのを惜《お》しみます。まして、人の死であればなおさらです。死がどのようなものであっても、それが別れであることは間違いないので悲しくないはずはありません。しばらく一緒に過ごした人にも情が移ってしまい、別れる時に悲しくてたまらないことがあります。まして、生きている時から親しくしていた人であれば、死は悲しいものです。

このように考えると、他者の死は「ただ」不在であるわけではないのです。つまり、死んだ人はどこか遠くに旅立っていったのだから、最初のうちは寂しく感じてもやがてその寂しさは克服されることはなく、生前何らかの形で深く結びついていた人が死ねば自分の一部が失われるのです。だから、そのような自分の一部だった他者を失った時の悲しみは深いものになります。

死の不安から逃れるために

三つのことを考えなければなりません。

一つは、死がどんなものかわからなくても、どんな死が待ち受けているとしても、死がどういうものかによって今の生のあり方が変わるのはおかしいということです。あの世などなく死が無になることであれば「後は野となれ山となれ」でいいかといえば、そうではないでしょう。自分が無になっても他の人はそうならないのは確かだからです。死が間近に迫った時それまでの生き方を大きく変えなければならないとしたら、それはそれまでの生のあり方、生き方に問題があったといわなければなりません。

次に、今充実した人生を送っていれば、死にばかり注意は向かないということです。人生においては待たなければならないことは多々あります。しかし、死だけは待たなくてもいいのです。死がくるのは確実だからです。死が確実にくるのであれば、死を待たず、今日できることだけに専心すればいいのです。

父の介護をしていた時、いつも父の死を恐れていました。いつ父が死ぬか不安でならなかったのです。認知症を患《わずら》っていた父の海馬《かいば》は萎縮《いしゅく》しており、医師から余命もいわれていました。ある時、ふと思いました、「父はいつか死ぬだろうが、一度しか死なない」と。当然のことではありましたが、張り詰めていた気持ちが少し緩んだ気がしました。

恋人と充実した時間を過ごした人にとっては、次にいつ会うかは問題になりません。次にいつ会うかを約束しなければ不安でたまらない人は、一緒に過ごしたのにいわば完全燃焼できなかったのです。だから、次に会う機会に賭けなければならないと考えます。

しかし、「次」はないかもしれません。今日会えたことは次に会うことの保証にはなりません。できるのは、一緒に過ごしている「今」、「次」のことを考えないで過ごすことです。

生きることも同じです。今、この人生において満たされていれば、人生の後にある死がどんなものかは問題になりません。明日どうなるかは誰にもわかりません。まだやり遂げていないことが多々あったとしても、明日を待たず、生は今ここで完成しています。

これは人生をエネルゲイアとして生きることです。病気の不安について見た時にキーネーシスと対比してこの言葉を使いましたが、「生きつつある」ことがそのまま「生きてしまう」生き方です。これは、明日を今日の延長として生きないということ、今日という日を今日という日のためだけに生きるということです。

さらに、貢献感があることが死の不安を克服します。

アドラーは次のようにいっています。

「〔人生〕最後の試練は、加齢と死を恐れることである。子どもという形で、あるいは文化の発展に貢献したことを意識することで、自分の不死を確信している人は、加齢と死を恐れることはない」（『生きる意味を求めて』）

アドラーは別のところで、時間は有限で、人生の最後には必ず死がくるが、共同体から完全に消え去ることがないように願う人に不死を約束するのは、全体の幸福に貢献することであるといい、このことの例として子どもと仕事をあげています（*Superiority and Social*

Interest)。人によって残せるものは違いますが、残すものがあることで後世に貢献できます。

キケローは、スターティウスの「次の世代に役立つようにと木を植える」という言葉を引いています（『老年について』）。今種を蒔《ま》いても、その結果を自分の目で見ることはできないかもしれません。それにもかかわらず、農夫は自分には関係がない仕事に励むのです。

「まことに、農夫なら、どれほど年老いていようが、誰のために植えるのか、と尋ねられたなら、ためらわずにこう答えるだろう、『不死なる神々のために。神々は、私がこれを先祖から受け継ぐのみならず、後の世に送り渡すようにとも望まれた』」（前掲書）

農夫の子孫に受け渡そうという決心で、木は子々孫々に伝わります。訳者の中務哲郎《なかつかさてつお》はこう書いています。

「木を植えるというのは、真に魂を不死にするために人間が従わなければならない生き方のことを言うのであろう」（『老年について』解説）

子どもの頃、食べた柿の種を蒔いたことがあります。蒔いたといっても厳密には家の隣にあった畑に向かって種を投げつけただけで、地中に埋めたわけでも、水をかけたわけでもありません。

近くにいた祖母に、いつ柿の実がなるかたずねました。すると、「おばあちゃんが死んだら」という答えが返ってきました。これが私が初めて死を意識した瞬間でした。これは祖母がまだ元気だった時のことで、ほどなく祖母は死にいたる病の床に就くことになりました。私が蒔いた種からではないでしょうが、たしかにその後柿の木が育ち、やがて実をつけ始めました。しかし、その時祖母はもうこの世にはいませんでした。

実際に木を植えたりする必要はありません。何か物を残さなくても、自分が生きたことが後世に残ればいいのです。その生き方というのも、特別なものでなければならないわけではありません。

キリスト教思想家の内村鑑三《うちむらかんぞう》が、誰もが遺せるという意味で後世への最大遺物は、お金、事業、思想ではなく、生涯を遺すことであるといっています。

「私が考えてみますに人間が後世に遺すことのできる、ソウしてこれは誰にも遺すことができる遺物で、利益ばかりあって害のない遺物がある。それは何であるかならば勇ましい高尚なる生涯であると思います」（『後世への最大遺物』）

それは悪魔ではなく神が支配する世の中、失望ではなく希望の世の中、悲嘆ではなく歓喜の世の中であるということを信じ、この考えを生涯において実行し、その考えを「世の中への贈物」としてこの世を去るということです。

希望の世の中であると信じることは今の時代難しいことかもしれませんが、このように考えられる人は他者を信じられる人であり、苦しいことがあっても生きる喜びに溢《あふ》れた人であるに違いありません。

よく生きる

死がどういうものかは誰にもわかりません。また、これからどれくらい生きられるかもわかりません。自分で決められないのであれば、そのことを思い煩っても意味はありません。アドラーは、「ただ生きるために汲々とし、生きることが非常に困難な人があまりに多い」といっています（『人間知の心理学』）。

そうであれば、どんなことがあっても助かりたいとか長く生きようということにばかり注意を向けず、与えられた生の中でできることをしていくしかありません。

ソクラテスは次のようなことをいっています。どれほどの時間を生きながらえるかを問題にしてはならず、生命に執着してはならない。むしろ、「それらのことは神に任せ、定められた運命は誰一人免れることはできないという女性たちの言葉を信じ、その次のこと、つまり、どうすればこれから生きるはずの時間をもっともよく生きられるかを考えなければならない」（プラトン『ゴルギアス』）

いつか必ず死ぬということが定められた運命です。死ぬことを考えないためによく生きることだけに注意を向けるというのではありません。先に見たように、今ここで充実した生を送ることができれば、これから先のことは気にならなくなります。自分ではどうすることもできないことに心を煩わせ、不安になる必要はないのです。死がどういうものか、死後どうなるのだろうかということばかりが気になるのは、よく生きていないからです。

ソクラテスは「これから生きるはずの時間をもっともよく生きられるかを考えなければならない」といっていますが、これは次のソクラテスの言葉に呼応しています。

「大切にしなければならないのは、ただ生きることではなく、よく生きることである」

（プラトン『クリトン』）

アドラーは、「私が価値があると思えるのは、私の行動が共同体にとって有益である時だけである」といっています（*Adler Speaks*）。

ここでいわれる「有益」は、「よく生きる」という時の「よさ」と同じ意味です。これは、アドラーが「大切にしなければならないのは、ただ生きることではなく、よく生きることである」というソクラテスの言葉に内実を与えたと見ることができます。

ただし、私はアドラーがいっているのとは違って、「行動」が有益である必要はないと考えています。もちろん、行動が有益であることも大切ですが、人は誰でも生きているだけで有益ですし、その有益というのも目には見えません。幼い子どもは生きているだけで他者に貢献しています。そのように生きているだけで他者に貢献していることが共同体にとって有益ですが、そのことを目には見えなくても実感できるでしょう。同じことは大人にも当てはまります。

死とは何か

死がどんなものであっても生き方が変わるのはおかしいとか、今が充実していれば死のことは気にならなくなると書きましたが、死がどういうものかについてもう少し踏み込んで考えてみます。

プラトンは、死は魂が身体から離れていくことだと考えました。今は魂という言葉は使いません。病気や事故などで意識を失った人が心肺停止状態になり死に至るという時、意識現象は脳に帰されるので、脳に帰される意識現象とは別に、脳から独立した心、魂、意識を想定しません。死は脳の活動が停止することであり、脳が停止したら意識も消失すると考えます。

アドラーは、プラトンとも現代医学とも違った考えをします。アドラーは自分が創始した心理学を「個人心理学」(Individualpsychologie, individual psychology)と呼びました。individualというのは「分割(divide)できない」という意味です。アドラーは、意識と無意識、感情と理性、身体と心というふうに人を分割しません。個人心理学というのは、分割できない全体としての個人を扱う心理学という意味です。

死について考える時には、心と身体が分割できないとはどういう意味か考えなければなりません。これは心と身体が同じだという意味ではありません。アドラーは、心と身体はどちらも生命の過程、表現であり、互いに影響を与え合うといっています。

例えば、目の前にあるものを取り上げたいと思っても、手が縛られていたり、押さえつけられていれば持ち上げることはできません。何かを持ち上げることに限らず、骨折したり、あるいは、老いや病気によって身体の自由が利かなくなると、したいと思ってもできないことがあります。

反対に、心が身体に影響を及ぼすことがあります。人からひどい言葉を投げかけられたら、その言葉に動揺し夜眠れなくなったり熱が出ることもあります。これは心が身体に与える影響の例です。

大きな災害や事故に遭うと、そのことが心にも大きな影響を及ぼすことがあります。自分の意志に反することを強いられたら、そのことが心に大きな影響を及ぼさないわけにはいきません。戦場で人を殺したり、殺されるかもしれない状況に置かれたら、そのことで心を病む人がいてもおかしくはありません。そのような状況にあっても平気な人はいるでしょうが、何の影響も受けないで平静でいることは容易ではありません。アドラーはこのことを知った上で、トラウマを人生の課題を回避するための理由にすることを否定したのです。

災害や事故でなくても、老いや病気のために、身体を自由に動かせなくなると、また、病気をした時も身体に加えられる苦痛が心にも影響を与えます。アドラーは次のようにいっています。

「脳は心の道具だが、起原ではない」(*Adler Speaks*)

脳は心の道具である、つまり、心が脳を道具として使うけれども、心は脳から作り出されたわけではないという意味です。脳に限らず、身体全般についても同じことがいえます。

しかし、心が脳を含む身体を道具として使うのではありません。アドラーによれば、人は分割することができないので、人の中に心と脳（身体）が別のものとしてあるわけではないからです。先に見たように、身体と心はどちらも生命の過程あるいは表現です。同じ生命を違う面から見たのであって、別のものではないのです。同じものであれば、心が身体を使うことはありえません。

「分割できない全体としての個人」は心ではないはずですし、身体でもありません。そうであれば、身体と心とは別に、「私」というものを考えなければなりません。心が脳を使うのではなく、私が身体である脳を使い、私が心を使うのです。

「私」は「心」（魂・精神・意識）と「身体」から構成されます。この身体の中に脳が含まれます。「私」が「心」を使い、「私」が「身体」を使います。この「私」が分割できない全体としての「私」なのです。

定式化すると、次のようになります。

私＞心（魂・精神・意識）＋身体（＞脳）＝生命

「私」は魂（精神、心）と身体から成る全体的存在ということです。このうち身体が病気や事故、老化などで何らかの仕方で損なわれるとしても、そのことで私が私でなくなるわけではありません。

戦争中に空襲で顔や身体に大きな火傷《やけど》を負ったある哲学者は、何週間も人事不省《じんじふせい》に陥りました。火傷を負った顔を見て、道行く子どもが怖がることがあったそうです。もちろん、顔がどれほど変わったところで、私が私でなくなるわけではありません。

私の祖父も戦争中に焼夷弾を受け、顔面に大火傷をしました。しかし、身体に傷を負ったからといって、そのことで祖父が祖父でなくなったわけではありません。

歳を重ねると外見は変わっていきます。容色が衰えることを恐れる人がいます。身体もやがて機能を十分に発揮できなくなるでしょう。さらには、死によってこの身体の活動が停止します。しかし、そうなっても「私」が「私」でなくなるわけではありません。

同じことが心についてもいえます。心の機能も低下します。例えば、認知症によって今しがたのことも忘れるようになるとしても、「私」が「私」でなくなるわけではありません。認知症を患っていた私の父はいろいろなことを忘れてしまいましたが、父が父でなくなったわけではありません。死と共に心が消滅するとしても、「私」は残る、「私」はずっと不死であり続けるということです。

このように、心も身体も死ねば消滅するかもしれません。しかし、私たちの身近な人が亡くなった時、心も身体も両方なくなっても、だからといって、その人の「私」までなくなるわけではありません。

「私」が「心」や「身体」を使う時に何をしているのかといえば、目標を決めているのです。人間には自由意志があって、これをしよう、あるいはしないでおこうと決めることができます。

これを決めるのは「私」であって、心でも身体でもありません。だから、どれほど空腹でも、今自分が食べようとしているパンを必要としている誰かに譲ることができるのです。決定に心や身体が影響を与えることはあっても、決定の主体は「私」です。先にも見ましたが、身体の声を聞くというのは「私」が身体の状態を感じ、今どうするかを決断するということです。身体に常とは違う異常を感じても、無害な解釈にすり替え受診しないでおこうと決心するのは「私」です。

心や身体が決定に影響を及ぼすことはあっても、影響以上のものではありません。心や身体に何か障害を受けたとしても「私」が変わるわけではありません。心や身体が機能を十分に発揮できないだけです。

どんな制約があっても、自分で決められるところが、人の行動がものの運動とは違うところです。自分の行動を決めるのが「私」であり、この「私」はどんなことがあっても不死であり続けることができるのです。

これがどういうことなのかは、マイクを使って話をする人のことを考えるとわかるでしょう。マイクを使って話をしている時に、もしもマイクに故障が起きたら、話している人の声は届かなくなります。しかし、そのような場合でも、故障したのはマイクです。マイクを使って話をしていた人の声は遠くまで届かなくなりますが、その人は話すのをやめたわけではありません。

死んだ人もこれまでと同じように、死後もずっと話し続けているのです。死んだ人を知覚的に知ることはできなくなります。つまり、見ることも、声を聞くことも、身体に触れることもできなくなります。しかし、だからといって、死んだ人の「私」が無になるわけではありません。折に触れて、死んだ人が生前語っていたことを思い出します。その時、脳の中にある記憶が再生されたのではなく、死んだ人の「私」と直接触れ合っているのです。

死んだ人についてこのようにいうと何か神秘的なことをいっているように思われるかもしれませんが、普段経験していることです。例えば、本を読んでいる時に、著者を感じています。手紙やメールを読んでいる時も同じです。目の前に人はいません。声を聞くわけでもありませんが、存在を感じます。ふともう何年も会わない友人のことを思い出す時もその人を感じないでしょうか。

作家の場合、その作家が書いた新しい作品を読むことができます。しかし、作家が故人であれば、新しい作品を読むことはできません。長らく会っていない友人とは再会できないわけではありません。しかし、死者であれば叶わぬことです。

生者であれ死者であれ、直接触れ合っていると思えるのは「私」があるからであり、その「私」は死後も生きている時と変わらずあり続けるからです。

ヨーロッパには「芸術は長く人生は短し」という諺《ことわざ》があります。ラテン語では、ars longa vita brevis といいますが、この ars、英語でいえば art はギリシア語では techne テクネーに当たるので技術と訳すこともできます。

この諺の意味は二通りに解釈されます。一つは、芸術や技術を究めることは人の短い一生で難しいということです。もう一つの、おそらくはより一般的な解釈は、作った人が亡くなっても、その人が作り出した作品は長く残るという意味です。

三木は次のようにいっています。

「原因は結果に少くとも等しいか、もしくはより大きいというのが、自然の法則であると考えられている。その人の作ったものが蘇りまた生きながらえるとすれば、その人自身が蘇りまた生きながらえる力をそれ以上に持っていないということが考えられ得るであろうか」（『人生論ノート』）

普通に考えれば、作者か作品かどちらの命が長いかといえば、残された作品の方が長いということになりますが、三木はこれとは逆のことをいうわけです。作品の芸術的、技術的な価値が長い生命を保ち、あるいは価値を失ったと思われていた作品が新たに解釈されて蘇るということがある以上、その作品を生み出した作者にも「その人自身が蘇りまた生きながらえる力」があるはずではないかと考えるのです。

「もし我々がプラトンの不死よりも彼の作品の不滅を望むとすれば、それは我々の心の虚栄を語るものでなければならぬ。しんじつ我々は、我々の愛する者について、そのものの永世より以上にその者の為したことが永続的であることを願うであろうか」（前掲書）

三木は技術は物質的生産のみではなく、教育も自己形成も組織や制度づくりも技術であり、「人間のあらゆる行為が技術的である」といっています（『哲学入門』）。残された技術作品はものに限る必要はありません。人が生きた人生も作品です。内村鑑三はそれが後世への最大遺物だと考えました。

問題は作品はいつかはなくなるということです。故人が使っていたものもいつかはなくなります。こんな人がいたと亡くなった人のことをいつまでも覚えているということはないでしょう。死者の観点からいえば、自分が作ったものも人生も含めて自分を覚えてくれる人がいなくなれば、不死ではなくなります。自分のことをいつまでも覚えてほしい、誰かの心の中で不死でいたいと思っても、それは自分では決めることはできません。

亡くなった人のことをいつまでも忘れないでいたいと愛する人を亡くした人は思うでしょう。しかし、実際にはそれは不可能ではないとしてもかなり困難です。愛する人が死んだ時、時間が止まったように感じます。しかし、いつまでも悲しみにくれていることはできません。日常の生活に戻らなければなりません。

ちょうど病気から回復すると他者の自分への関心が減るように、死んだ人のことも次第に思い出さなくなります。死んだ人が夢に現れることがあります。しかし、そんな夢もいつか見なくなります。

エーゲ海に面した聖なる山と呼ばれるアトス山には、中世に二十の修道院が作られました。そこでは修道士たちが数世紀にもわたって滅んだ王族の魂を鎮めるために祈りを続けています（マルグリット・ユルスナール『東方綺譚』）。高野山《こうやさん》では空海《くうかい》は今も生きているとされていて、毎日二回欠かさず食事が届けられています。

そんな特別な場合を別にすれば、死者の人生は死をもって終わります。悲しくても、生者はその後も生き続けなければなりません。日々の生活の中で死者のことが忘れられていくのは当然です。

死者もいつまでも自分のことを忘れないでほしいと思うでしょうが、さりとて、いつまでも自分のことを忘れられず悲嘆にくれ何も手をつけられないでいることを死者は望まないでしょう。すぐには悲しみから脱却できなくても、前ほどは悲しむことなく従前の生活が送れるようになったことを死者がもしも何らかの仕方で知ることができれば、そのことをむしろ喜ぶでしょう。

第八章

どうすれば不安から脱却できるか

エクセントリックな人生を生きよ

一度、災害や事故に遭ったり、病気になったりして、覆われていた現実を知ってしまうと元に戻ることはできません。中には大病をしても、よくなればすっかり元の生活に戻ってしまい、病気をしたことなど深い忘却の底に沈んでしまったかのように見える人もいますが、そんな人も病気になった時に垣間見ることになった死を慰戯によって忘れようとしているのです。

イタリアの作家パオロ・ジョルダーノは「大きな苦しみが無意味に過ぎ去ることを許してはいけない」といっていますが（『コロナの時代の僕ら』）、病気になることや病気になるかもしれないという不安の中に生きることに意味があるとすれば、それまでとは人生について違った見方ができることです。

安住していた世界、すべてが自明だった世界ではなく、新しい世界で生きなければならなくなったことを自覚し始めた時から、人は世界に対しても自己に対しても距離を置いて生きることになります。

三木は「エクセントリシティ」という言葉を使っています（「シェストフ的不安について」）。エクセントリシティ（eccentricity）は「常軌を逸していること」というようなネガティブな意味で使われますが、三木はこれを「離心性」と訳しています。「離心」は「中〈心〉から〈離〉れる」という意味です。

エクセントリックに生きるというのは、自然に定められている中心から離れて、「人間が主体的にその存在論的中心ともいうべきものを定立しなければならぬ」（前掲論文）という意味です。中心は自然に定められているのではなく、定められていると思っていたというのが本当です。

中心が自明のものとして与えられていると考える人は、常識的な価値観に何ら疑問を感じませんし、今の生き方でいいのかというような疑問を持つこともありませんし、先にも見たように、明日という日がくるのは当然であり、先の人生が見えているように思っています。

常識的な価値観に何ら疑問を感じていない間は、エクセントリックに生きようとは思わないでしょうし、そうする必要も感じないでしょう。まわりの社会とも調和して生きることができます。しかし、何かのきっかけがあって人生が無の上に立っていることを知ると、人生の中心が自明のものとして与えられていないことを知ることになります。

常識的な価値観とは、例えば、成功者として生きることに価値があると考えることです。子どもの頃から一生懸命勉強をするのは、有名大学に入るためであり、一流企業に就職するためです。

子どもが勉強することに疑問を持つことがあっても、大人は「今はとにかく我慢して勉強しなさい、大学に入学さえすれば後は楽ができるから」と説得します。ところが、目指す大学に合格すると、大人がいっていたことが本当ではなかったことに気づきます。当然、大学に入っても勉強しなければなりませんし、働き始めたらいよいよ勉強しなければなりません。今を犠牲にして未来のために頑張ったのに自分が思い描いていた未来ではなかったことに気づいた若い人は多いでしょう。

人生は決められたレールの上を動くようなものではなく、自分で形成しなければなりません。これを知るまでは人生は安定していたでしょう。しかし、先のことは何一つ決まっているわけではなく、自分が人生を形成しなければならないという現実を知ると不安になります。この不安は人生には決められたレールがないことに気づいた時に起きる感情で、むしろ、この不安を感じない人は人生の先が見えると思い込んでいるのです。レールがないのであれば常識的な生き方をする必要はなく、誰かに人生を決められることも必要ではありません。人生はエクセントリックなものにならないわけにいきません。

三木は次のようにいいます。

「エクセントリックになり得ることが人間の特徴であり、それ故にこそ古来あのようにしばしば中庸ということ、ほどほどにということが日常性の道徳として力説されなければならなかったのである」（前掲論文）

「ほどほどに」生きるのではなく、エクセントリックに生きていけない理由はありません。成功を収めた人が若くして現役を引退すると、もったいないというようなことをいう人がいます。本当は、エクセントリックな生き方をする人がいれば羨《うらや》ましいのです。それなら、自分も常識に縛られずに生きればいいものをそうする勇気はないのです。

一度決めた人生を最後まで全《まっと》うする人は立派だと思います。しかし、何度も人生の進路を変えていけないわけではありません。一度きりの人生なのだから、自分の好きに生きていいのであり、人の期待を満たすために生きているのではないからです。

しかし、自分ではエクセントリックな人生を生きようとはしないで、自分はできない生き方をする人がいればその人の人生の行く手を阻もうとします。

三木は次のトロイメル（夢見る人）について、次のようにいっています。

「世なれた利口な人達は親切そうに私に度々云ってくれた、『君はトロイメルだ。その夢は必ず絶望に於《お》いて破れるものだから、もっと現実的になり給え。』私は年も若いし経験も貧しい。けれど私の心は次のように私に答えさせる。『私は何も知りません。ただ私は純粋な心はいつでも夢みるものだと思っています』」（『語られざる哲学』）

「世なれた利口な人達」は三木に現実的であれ、エクセントリックであってはいけないといったのです。しかし、純粋な心を持っている人の生き方はエクセントリックなものにならないわけにいきません。

問題は、トロイメルも歳を重ねるとすっかり現実的になってしまい、かつての自分のようにエクセントリックな人生を生きようとする人の行く手を遮《さえぎ》ろうとすることです。現実的になった人は、人生を正しく見られるようになったのではありません。ただ、エクセントリックにしか生きられない人生なのに、夢をしぼませ安全な人生があるという思いこみの中に逃げてしまっただけなのです。

エクセントリックな、人とは違った生き方を選ぶ人自身も不安になります。人が決めたレールの上を生きれば安心であり、もしも行き詰まるようなことがあっても、人に責任を転嫁することができますが、反対に、自分で人生を選べば責任はすべて自分に降りかかってくるからです。

しかし、エクセントリックに生きるというのは、中心から離れて「人間が主体的にその存在論的中心ともいうべきものを定立しなければならぬということ、またこれを定立する自由を有する」（前掲論文）ということです。

先に見たように、今の時代、アノニム（無名）、アモルフ（無定形）の人、つまり、個性、性格がない、一般的な人として生きている人が多いように見えます。同じ常識的な価値観に従って生きる人は、エクセントリックには生きていないのです。エクセントリックな生き方をするのは、個性を取り戻すためです。

他人の期待に反する勇気を持て

エクセントリックな人生を生きるためには、「他人の期待」や「世間」という「中心」から離れなければなりません。

三木は、「我々の生活は期待の上になり立っている」といった後に、「他人の期待に反して行為するということは考えられるよりも遥かに困難である。時には人々の期待に全く反して行動する勇気をもたねばならぬ」

といっています（『人生論ノート』）。

期待は他者の行動を拘束する「魔術的な力」を持っています。今ここで何をすることが他者から期待されるかを考える人や、その場の空気を読み、空気に逆らってまで自分がしたいこと、あるいはするべきことをしない人がいます。

どんな人生を生きるかを決めなければならない時にも、自分の人生なのに、他人の期待に反してまで自分の生きたい人生を生きようとしない人がいます。進学先や結婚相手を選ぶ時に、親が反対するような時です。

親から結婚に反対されているけれどもどうしたらいいのかという相談をよく受けました。自分の人生なのだから自分で決めればいいと答えても、なお抵抗する人がいました。親に反対されてまで結婚する意味はないというのです。

「人々の期待に反して行動する勇気」を持たなければどうなるか。

まず、自分の人生を生きられなくなります。三木は、「世間が期待する通りになろうとする人は遂に自分を発見しないでしまうことが多い」といっています。

親に反対されても、自分の意志を貫ける人は自分を見失うことはありません。しかし、自分の人生ではなく他人の人生を生きる人がいます。他人の人生を生きるというのは、自分で決めた人生を生きるのではなく、他者が期待する人生を生きるということです。これは親子関係でよく見られます。子どもの方も親の言いなりになった方が安全で、そして成功者として人生を生きられると信じてしまうのです。そのような子どもは自分ではなく親の人生を生きているわけです。

次に、世間が期待する通りになろうとする人は、本当にしなければならないことができなくなります。仕事のことでいえば、上司が自分に何を期待しているか、あるいは、その場の空気を読んで何をしなければならないか考えます。会社の不正を隠蔽するように上司が部下に命じたり、嘘をつくことを強要したりした時でも、それを断ることはできません。上司にいわれなくても、自分で気づいた時も告発しようとはしません。そのような部下は、上司に逆らったり、不正を告発したりすることは自分のためにはならないと、自己保身のことばかり考えます。上司は部下の心理をよく知っています。

「部下を御してゆく手近かな道は、彼等に立身出世のイデオロギーを吹き込むことである」

出世こそ人生の大事と説いて昇進などの見返りをちらつかせると、部下は上司の言いなりになります。従わなければ冷遇すると脅かされたら、いよいよ顔色を窺《うかが》い、上司の命じることなら何でも、たとえそれが不正であってもするでしょう。一時的に評判を落としても出世できればいいと考えるからです。

三木は、「秀才と呼ばれた者が平凡な人間で終るのはその一つの例である」といっています。平凡な人生で終わるだけならまだしも、不正を目にした時に自己保身に走り目を瞑ることは他者に実害を及ぼすことになります。いつの世も自分のことしか考えられないエリートは有害以外の何ものでもありません。

他人の期待に反することは容易なことではありません。しかし、先にあげた例でいえば、たとえ上司の期待を満たせたとしても、後に不正が発覚した時に自分が世間からどう思われるかという不安に駆られるでしょう。そうであれば、そのような不安を持たないためには上司の期待に反する勇気を持つしかありません。

自分の人生を生きよ

世間の常識を疑い、自分で考えて生き始めたらその人生は他の人にはエクセントリックなものに映るでしょうが、自分の人生を生きることができます。しかし、他人の期待に反する勇気を持てない人は、親を始めとしてまわりの人と対立したり異を唱えたりすることで孤立し、孤独になるのではないかと不安になります。

他の人がいっていることやしていることが正しいとは限りません。親も間違います。子どもがエクセントリックな人生を生きたいといっても、世間的な常識に従って反対します。

人に合わせている限り孤独にはなりませんが、自分の考えを抑えていいたいこと、いうべきことをいわなければ、自分の人生を生きることはできません。

家庭教師をしていた高校生が自分の進路を決めようとする父親に「私の人生だから私に決めさせてほしい」といって親を驚かせたことがありました。親が子どもの進路を決め、後に何か問題が起きても親は子どもの人生に責任を取ることはできません。子どもは自分の人生なのだから自分で責任を取らなければなりません。

親に逆らわなければ親子関係はよく見えますが、表面的なものでしかありません。そのような人との結びつきは真の結びつきとはいえません。親子が諍《いさか》うことがいいといっているわけではありませんが、子どもは親に従わなければならないと親子のどちらかが、あるいは双方が思っていると、不満があってもそれを子どもが言い出せないことになります。

親子関係だけでなく職場でも、会社の方針について誰かがそれは違うのではないかという人がいれば、共同体の一体感、連帯感が失われることがあります。方針ならまだしも、会社の不正を摘発しなければ維持されるような一体感、連帯感は壊さなければなりません。

真に怒れ

職場の中での不正だけでなく、今の世の中には理不尽なことが多々あります。それに対して声を上げれば、職場で孤立してしまうかもしれないのではないかと恐れ不安になる人がいます。

三木は、次のようにいっています。

「すべての人間の悪は孤独であることができないところから生ずる」(『人生論ノート』)

親が子どもを、上司が部下を叱りつける時に起きる怒りの感情は「私憤」であり、これは対人関係を悪化させ、問題の解決にはつながりません。即効性はあります。叱られると怖いので問題行動をすぐに止めるかもしれませんが、またすぐに同じことをします。

叱られなくても自分でもこれはしてはいけないとわかっているのに叱られると反発して、ますます問題行動を続けることがあります。叱っても同じことが続くのであれば、叱る時に起こる怒りの感情は即効性はあるけれども、有効性がないからです。もしも怒りが問題行動をやめさせるために有効であれば、一度叱れば二度と問題行動をするはずはありませんが、そうでないのなら有効ではないということです。

このような感情的な、あるいは気分的な怒りを三木は否定しますが、不正に対する怒りや、人間の尊厳を侵害された時の怒りは否定していません。このような怒りは「私憤」ではなく「公憤」です。三木は公憤について次のようにいっています。

「正義感がつねに外に現われるのは、公の場所を求めるためである。正義感は何よりも公憤である」（「正義感について」『三木清全集』第十五巻所収）

真に怒る人は孤独になることを恐れません。

「孤独の何であるかを知っている者のみが真に怒ることを知っている」（『人生論ノート』）

理不尽なこと、不条理なことを見たり、不正を行うことを拒否したりすると、先にも見たように共同体の一体感、連帯感が失われ、何らかの摩擦が生じます。公憤を感じて声を上げると、そうすることを好まない人からよく思われず、孤独になるかもしれません。しかし、孤独を恐れて黙ってしまうと、共同体の秩序は乱されなくても、不正は蔓延《はびこ》り、共同体は病むことになります。

そのようなことがあってはいけないと思う人は、自分が人からどう思われるかを問題にしません。他の人と考えを異にして孤独になっても、不正や理不尽に立ち向かうべきだということを知性で判断できるので、その場の空気に呑まれたり自己保身に走って黙ってしまうことはありません。不正を隠匿したり嘘をついたりすることを上司から求められ、脅されたりすかされたりしても決して動じることはないのです。

政治についても無関心であってはいけません。コロナウイルスは人類にとって敵対的であるわけではありませんが、感染拡大を抑えなければかつての平穏な世界に戻ることはできません。それなのに、政府の感染症対策はあまりに無策なので、一体これからどうなるかと思うと不安しかありません。政治についての考えは人によって違いますが、政府の無策は誰にも実害になります。対岸の火事ではないということです。

しかも、無策というよりは、コロナウイルスの感染拡大を利用して利権を漁《あさ》ろうとする人がいます。この場合も正義感が外に現れた「公憤」としての怒りを向けなければなりません。

感情的な怒りは人と人を引き離します。相手を圧倒するために怒りの感情を使うと、相手は恐れをなして問題行動を止め、議論をしている時であれば考えを受け入れてしまうか、受け入れられなくても黙ってしまいます。このようにして心理的な距離ができれば、正しいことをいっても、あるいは、正しければ余計に反発されることになります。怒る人はこうして次第に孤立していきます。

他方、公憤は人と人とを結びつけます。不正は決して自分とは無関係ではなく、声を上げなければならないと考える人は一人ではないはずだからです。孤立無縁になることはありません。先にSNSの問題について見ましたが、不正に対して声を上げた人のことはたちまち広まり、支援する人が現れます。アノニム（無名）の人も「仲間」になるのです。

政府の施策が間違っていると思った人は抗議の声をネットであげ、その声は政府の決定を覆すことがあります。いつも必ずそうなるわけではありませんが、このようなことがあるので孤立無縁になることはなくなってきているように見えます。

人生を旅と見る

「人生は旅であるというあの感情も、人間存在の離心性を現わしている」（前掲論文）

「無の上に立たされている」ことを知った人は、それまでは覆われていた現実を知り、安住していた世界ではない新しい世界、先が見えない人生の中に生きなければなりません。

その新しい世界に人は「異郷人」として出てきたのです。人生が旅に喩えられるのはこのためです。

無の上に立ち、もはや先が見えない人生に生きていることを知った時、それまで安住していた世界の中では何の不安もなく安楽に過ごせたというのに、吹き荒《すさ》ぶ嵐の中に放り出されるように、新しい世界で生きなければならなくなります。

しかし、不安ではあっても、心躍る経験ともいえます。常はどこに行くか、目的地が決まっていて、寄り道など許されない通勤や通学とは違って旅に出る時に感じるような不安と期待が入り混じった気持ちになります。三木は次のようにいっています。

「人生は旅、とはよくいわれることである。芭蕉《ばしょう》の奥の細道の有名な句を引くまでもなく、これは誰にも一再ならず迫ってくる実感であろう。人生について我々が抱く感情は、我々が旅において持つ感情と相通ずるものがある」(『人生論ノート』)

この世界に最初は無自覚的に出てきたのですが、思いもかけない経験をしたり挫折したりした時、通勤や通学の日常性を振り切って旅に出る決意をするように世界に出ていくのです。その後はもはや元に戻ることはできません。

通勤や通学であれば、目的地にまでできるだけ効率的に到達しなければなりません。仕事のために遠方に出張するような時も可能ならば日帰りで出張することもあります。仕事先で観光するというようなことは普通はないでしょう。

しかし、目的地に着くことは旅の目的ではありません。旅は家を出た瞬間から始まります。どこに行くかを決めて旅に出ますが、その目的地に着けないことがあっても旅が旅でなくなるわけではありません。目的地に到達する過程がそのまま旅です。

気が変わって途中下車することも旅ではありえます。予定していたよりも長く滞在することも、反対に予定を切り上げて早く帰ることもあるでしょう。しかし、旅は急ぐものではないので、予定が変わっても問題にはなりません。

人生をこのような旅と見ることができれば、旅において時間が常とはまったく違った仕方で流れるように、それまでとはまったく違う価値観で生き始めることになります。

「出発点が旅であるのではない、到達点が旅であるのでもない、旅は絶えず過程である。ただ目的地に着くことをのみ問題にして、途中を味うことができない者は、旅の真の面白さを知らぬものといわれるのである」（前掲書）

過程こそが旅であり、途中を味わうのでなければ旅をする意味もありません。そもそも、旅に何か意味を求めるのが間違いだともいえます。

旅の嬉しさは、「平生の日常の生活環境から逃れること」（前掲書）にあります。多くの人が生きる常識的な人生とは違って、エクセントリックな人生を生きることにはリスクが伴うことがあります。エクセントリックな人生を生きようとする人がいれば、とりわけ親は子どもが常識的な人生から外れようとすることに反対します。

しかし、反対する人も、エクセントリックな人生を生きる人が感じているであろう「解放乃至脱出の感情」に実は憧れ、自分が今の人生を生きている限りその感情を持てないことを思っているのです。

この「解放乃至脱出の感情」には常にある他の感情が伴うと三木はいいます。

「旅はすべての人に漂泊の感情を抱かせる」（『人生論ノート』）

漂泊に目的地はありません。人は最後は死ぬのだから、死が目的地だと考える人がいるかもしれませんが、死ぬために生きているわけではありません。古代のギリシア人は、一番幸福なのは生まれてこないこと、次に幸福なのは生まれたらできるだけ早く死ぬことだと考えていました。

プラトンは次のようにいっています。

「どの生きものにとっても、生まれてくるということは、初めから辛いことなのだ」（『エピノミス』）

たしかに、生きている限り苦しいことを多々経験しますが、このような考えをもっともだと受け入れる人は多くはないでしょう。

アテナイの政治家であるソロンはいっています。

「人間は生きている間にいろいろと見たくもないものを見なければならず、遭いたくもないものにも遭わなければならない」（ヘロドトス『歴史』）

このようにいうソロンにクロイソスが次のようにたずねました。彼は莫大な富《とみ》で知られていたリュディア王国の最後の王でした。

「アテナイの客人よ、あなたについてはわれわれはあなたの智慧《ちえ》と、知識を求めて多くの地を巡られた遍歴のゆえに多くのことを聞いている。そこで、あなたが会った人の中でももっとも幸福だった人間は誰なのかをたずねたい」

この時、ソロンがあげた人の中にクレオビスとビトンの兄弟がいました。

彼らは、ある時、ヘラ女神の祭礼に母親を連れて行こうとしました。母親を牛車に乗せて社に行くはずでしたが、畑仕事の都合で牛が間に合わず、二人が牛車を引いて社まで母親を連れて行きました。

母親は親孝行の息子たちに、人間として得られる最善のものを授《さず》けてほしいと神に祈りました。犠牲と饗宴《きようえん》の行事の後、社《やしろ》の中で眠った二人は二度と目を覚ますことがありませんでした。

クロイソスはこの答えに失望しました。親孝行をした子どもにとって最上の運が早世であるとはクロイソスでなくても考えられないでしょう。生きている限り苦しみを経験しないわけにはいきません。できればそのような経験は避けたいと思うのは当然ですが、だからといって、苦しみを経験しなければ幸福であるかといえばそうとはいえないでしょう。

長崎で被爆した林京子は次のようにいっています。

「十四で逝《い》った友人たちは、青年の美しさも、強く優しい腕に抱かれることもなく、去っていったのである。恋する楽しさ、胸の苦しさを、味わわせてやりたかった」(『長い時間をかけた人間の経験』)

人生の目的地は決して死ではありませんし、その死という目的地に向かってできるだけ効率的に生きる人はいないでしょう。旅と同様、過程をどう生きるかが問題です。さらに三木はこういいます。

「いったい人生において、我々は何処へ行くのであるか、我々はそれを知らない。人生は

未知のものへの漂泊である」（三木、前掲書）

これから行くところがどういうところかわからない時の何ともいえない感情が漂泊の感情です。行く前から何もかもわかっているようであれば、旅に出かけようとは思わないでしょう。人生は死で終わります。このことだけははっきりしています。しかし、その死がどんなものであるか、またいつ死ぬかを知ることはできません。

未知であるのは死だけではありません。人生の過程で何が起こるか、それが自分にとってどんな意味があるかはわからないのです。だからこそ、旅の初めにも、途上においても不安になるのです。しかし、この不安は何が起こるかがわからないからこそ起こる感情であって、もしも不安にならないとすれば、人生で何が起こるかが見えると思い込んでいるのです。

先が見えないのは不安ですが、だからこそ生きてみようと思えれば生き方は変わってきます。

「人生は遠い、しかも人生はあわただしい。人生の行路は遠くて、しかも近い。死は刻々に我々の足もとにあるのであるから。しかもかくの如き人生において人間は夢みることをやめないであろう」（前掲書）

通勤や通学の場合、目的地に到達すること、しかもできるだけ効率的に到達できることが必要です。しかし、旅においては過程が重要であってどこかに到達しなければならないわけではないように、たとえ目的地よりもずっと遠いところで旅が終わったとしても、道半ばで志を遂げず死んだことにはなりません。

なぜ人はこのような人生において夢見ることをやめないのでしょうか。人生でこれから先何が起こるかがわかっていれば夢を見ることはできません。

予《あらかじ》め敷かれたレールの上を歩んでいくような人生においても夢見ることはできないでしょう。レールの上では常識的な価値観に従って生きることが期待されます。そのように生きれば、大きな破綻なく生きられるかもしれません。多くの人が生きるのと同じように生きようと思えば迷うことはありません。

しかし、そのような安全な人生を生きることに意味があるとは思えません。安全かといえば、そうではないことが事故や災害に遭ったり、病気になったりした時にわかります。そのような経験をしないとしても、人生において何もかもわかっているということはありえません。

中学生が人生設計を語ってくれたことがありましたが、自分が行きたい大学に合格できないとはまったく考えていませんでしたし、結婚は二十五歳と決めていたことには驚きました。入学試験であれば努力していれば首尾よく合格できるかもしれませんが、結婚に関しては相手が必要であり、自分が好きで結婚したいと思っても断られるかもしれません。

何が起こるかわからなければ不安になります。不安にならないためには、これから何が起こるかわかっているか、自分でコントロールできると思わなければならないのです。このように考えると、先が見えると思って不安にならない人よりも不安になる人の方が人生のことがよくわかっているといえます。

これから先四十年同じ生活をするのは苦しいと自殺を試みた若者がいました。しかし、一年後のことですら、何が起こるか予想できない今の世の中で、後四十年今と同じ生活が続くと思うことに驚かないわけにはいきません。首尾よく入学試験に合格し、望む会社に就職できたとしてもその会社が倒産することもありえます。

生活に格別の不満があったわけではなかったでしょうが、何かしら満たされない思いがあったのでしょう。そのような思いと共に今後同じ生活が続くことに漠然とした不安を感じたのかもしれません。

これから先の人生が見えるような気がする人は、これまでの人生で挫折を経験したことが一度もないのかもしれません。しかし、これまで挫折したことがないからといって、今後も挫折することがないわけではありませんし、病気になるなど自分の問題によって挫折することもあれば、事故や災害、あるいはコロナ禍のように外から降りかかる出来事で挫折することもあります。

このように人生が次の瞬間にも何が起きるかわからないものであれば不安も大きいですが、何が起こるかが決まっていないからこそ夢見ることができるのです。そのような人生においてこそ、トロイメル（夢見る人）であることができます。

ここで問題にしている先の見えない不安を旅における漂泊の感情と見れば、不安はあっても——ただし、これから先同じ生活が続くと思っての不安ではなく、何が起こるかわからない不安——この人生は生きがいのあるものになるでしょう。

不安を凝視する

キルケゴールは、「不安は自由の目まいである」といっています。

「仮にある人がふと自分の眼で大口をひらいた深淵をのぞき込んだとすると、その人は目まいを覚えるであろう」（『不安の概念』）

目まいを覚えることの原因は一体どこにあるのか。キルケゴールは、それは深淵にあるともいえるし、深淵をのぞいた当人の目にあるともいえるといいます。

「というのも、彼が深淵を凝視することさえしなかったら、目まいを起こすことはなかったろうからである」（前掲書）

キルケゴールは、「不安は、ひとつの反感的共感であり、またひとつの共感的反感である」といっています（前掲書）。

底しれぬ深淵をのぞき込めば、転落するのではないかという不安に駆られ目まいを覚えます。それなら、深淵に近づいてのぞき込まなければいいのに心惹かれます。怖いもの見たさにのぞいてみるのです。これが不安が反感的共感、共感的反感であるということの意味です。

キルケゴールは、子どもたちの中では不安は「冒険的なもの、途方もないもの、謎めいたものに対する憧れとして、かなり明確に示されている」といっています（前掲書）。

「この種の不安は、子供たちにとって本質的とも言えるものなので、子供たちはそうした不安なしではいられないほどである。たとえ、不安が子供たちを不安がらせるとしても、その不安はもちまえの甘い不安をつのらせる悩みによって子供心を捉えるのである」（前

掲書)

探検に繰り出す子どもは不安ですが胸は躍っています。何が起こるかわからず、危険な目に遭うかもしれないと思うのであれば探検するのをやめればいいのにとまわりの大人は思うかもしれませんが、出かけるのをやめることはありません。

片想いの人にどう告白しようかと悩む子どもは「甘い不安」をつのらせます。自信があれば不安になることはないでしょう。しかし、告白しても受け入れてもらえないかもしれないと思うと不安は膨らみますが、それでは告白してつらい思いをするくらいなら何もいわないでおこうと決心するかといえばそうではないでしょう。

深淵に向かって跳べ

バンジージャンプをする人が不安になるのは、飛び降りるかどうかを決める自由があるからです。そもそも深淵に臨《のぞ》んでジャンプしようなどと思わなければ不安に駆られることもありません。

人生においても、深淵を前に足がすくんでしまって動けなくなるような時があります。災害に遭ったり、病気になったりしてそれまで自分が立っていた大地が突如として裂け深淵が開くというような思いをすることがありますが、自分で敢《あ》えて深淵に立とうとすることがあります。アドラーがいうのとは違って、不安は自分の前に立ちはだかる困難に立ち向かっていく力になりうるのです。

多くの人が選ぶような一見安全な人生とは違う人生を生きる決心をすれば、これからの人生でどんなことが自分を待ち構えているか見えなくなり、深淵が開くような経験をすることがあります。他の多くの人が生きる人生であればどんな人生になるか予想できます。しかし、本当は、多くの人が生きる人生であっても、人は皆違って誰もが同じ人生を生きるわけではないので、予想もしていなかったことを経験して行き詰まることはありえます。

親が教師である子どもが自分は教師になるまいと早く決めていることがあります。教師が大切な仕事であることはわかっていても、日々残業で帰宅が遅く疲労困憊《こんぱい》の親を見て育った子どもは、教師になることをためらうでしょう。そのようなことは身近に教師がいなければなかなか知りえないことです。しかし、そんなことまで知ってしまうと、どんな仕事にも就こうと思えなくなります。

親も子どもが自分とはまったく違う人生を生きようとすれば不安になって止めようとす

ることがあります。学校を中退するというようなことを子どもが言い出せば、高学歴の親は中卒の人生を想像することができないので、高校は卒業しておいた方がいいといって翻意を試みます。人と同じように生きれば、安全な人生を生きられると多くの親は信じています。

しかし、成功を目指すような、あるいは、成功しなくても経済的に苦労しないで生きられると思われている人生であっても、本当は少しも安全ではありません。先の人生が見えると思い込んでいるだけで、楽な仕事ではないことがわかったり、病気になって仕事を続けられなくなるというようなことがあれば、たちまちどう生きればいいかわからなくなり途方に暮れることになります。

たとえそのようなことに遭遇しないで老年を迎えられたとしても、本当に大事なものを手に入れられなかったり、自分の人生を生きてこなかったことに思い当たったりした時、絶望することになります。

そのような多くの人が生きるような一見安全な人生を生きるのではなく、冒険してもいいはずです。ここでいう「冒険」とは、常識的な価値観から外れた、三木の言葉を使うならば、エクセントリックな、常識的な価値観から外れた生き方をすることです（「シェストフ的不安について」)。

エクセントリックな人生を送れば時に深淵に立つことになりますが、そんな時は深淵から目を逸《そ》らさず深淵に飛び込めばいいのです。そのように思う時、不安にならないはずはありませんが、不安になるのは人に合わせ、人にいわれる通りにではなく自由に生きている証なのです。

何も持たない

ソクラテスの流れを汲む犬儒《けんじゅ》派と呼ばれる哲学者の一人であるディオゲネスは、何も持たずに酒樽の中で暮らしていました。それでも、水を飲むために茶碗を持っていたのですが、ある日、子どもが川の水を素手ですくって飲んでいるのを見て「私はこの子に負けた」と、その茶碗まで捨ててしまいました（ディオゲネス・ラエルティオス『ギリシア哲学者列伝』)。

病気になった時などに不安になるのは、「持っている」からです。持っているからそれを失うことになるのではないかと不安になるのです。

それでは、何もかも持っているものを捨てればいいかといえばそうではないでしょう。

ある人が「永遠の生命を得るためにはどうすればいいか」とイエスにたずねました。イエスは「殺してはならない、姦淫《かんいん》してはならない、偽証を立ててはならない、奪い取ってはならない、父と母を敬え」という戒めをあげました。

「そういうことは皆子どもの時から守ってきました」という人にイエスはいいました。「足りないものが一つある。帰って持っている物を売り払い、貧しい人たちに施しなさい」。彼の顔は曇り、悲しみながら立ち去りました。大資産家だったからです（『マルコによる福音書』）。

ここでイエスがいっているのは、形として持っているものを売り払うことではなかったでしょう。他の戒めも永遠の生命を得るために、形として守ってきただけであることを批判したのです。

ディオゲネスの話に戻ると、この話の主眼は、持っているものを捨てることではなく、ものへの執着から自由になることです。

マケドニアのアレクサンドロス大王が、ディオゲネスの元へと赴《おもむ》いた時のこと。彼は先に見たように、生活上の必要を切り詰め、自足した生活を送っていました。アレクサンドロスは、マケドニア王に即位した後、ペルシア征伐の全権将軍に選ばれたのですが、多くの政治家や哲学者が彼のところに祝いにやってきたのに、当時コリントスで過ごしていたディオゲネスは、アレクサンドロスをまったく問題にせず閑暇《かんか》を悠々と過ごしていたので、アレクサンドロス自らコリントスにいたディオゲネスの元へ足を運びました。

ちょうどディオゲネスは日なたぼっこをしていました。そこに多くの人がやってきたので、彼は少し身を起こしてアレクサンドロスをじっと見ました。アレクサンドロスは彼に挨拶をして「何かほしいものはないか」とたずねると、「その日の当たるところから少しばかりどいてくれないか」といいました。

日光浴をしていたら、物々しく武装した兵士たちが突然踏み込んできて、七十歳にもなろうとするディオゲネスに、二十歳そこそこの若いアレクサンドロスが、「何かほしいものはないか」というのはずいぶんと無礼な話だとは思います。しかし、アレクサンドロスの方は、ディオゲネスの誇りと偉大さに感服し、「もしも私がアレクサンドロスでなかったら、ディオゲネスでありたかったのだが」と語ったと伝えられています（プルタルコス『英雄伝』）。

片や大帝国の王、片や何も持たない哲学者。アレクサンドロスは何も持たず権威をものともしないディオゲネスの人となりに心底驚嘆し、自分もディオゲネスのようになりたいと望んだのではないかと想像します。ディオゲネスは、今ここでディオゲネスになれるといったかもしれません。しかし、アレクサンドロスはアジアへの遠征に出かけなければなりませんでした。結局、アレクサンドロスは二度とギリシアの地を踏むことなく、三十四歳の若さで急逝しました。

誰もが幸福になりたいと願い、そのためには何かを成し遂げなければいけないと信じている人は多いでしょう。アレクサンドロスにとって、それは敵と戦い征服することでしたが、そんな偉業でなくても、有名大学に入り、有名企業に就職することを目標にする人がいます。しかし、ディオゲネスは、何も持たなくても幸福になれることを教えてくれます。

そのような生き方は先に見たエクセントリックな生き方なので、多くの人はディオゲネスのように生きるのが本当は幸福かもしれないと思っていても、そのような人生を選ぶ勇気はありません。

評論家の加藤周一《かとうしゅういち》が次のようにいっています。

「一九六〇年代の後半に、アメリカのヴィエトナム征伐に抗議してワシントンへ集まった『ヒッピーズ』が、武装した兵隊の一列と相対して、地面に座りこんだとき、そのなかの一人の若い女が、片手を伸ばし、眼のまえの無表情な兵士に向って差しだした一輪の小さな花ほど美しい花は、地上のどこにもなかっただろう。その花は、サン・テックスSaint-Exの星の王子が愛した小さな薔薇である。また聖書にソロモンの栄華の極みにも匹敵したという野の百合《ゆり》である」（『小さな花』）

片や、史上空前の武力、片や、無力な女性。彼女は何も持っていませんでしたが、彼女が差し出した花は武装した兵士の心を揺さぶったに違いありません。無力なのは自分ではないか、と。

人はこの兵士のように武装しているのです。ありのままの自分を人に見せるのが怖いからです。誰も寄せつけまいと身構えたり、自分をよりよく見せようとしたりします。そのような態度を取るのは劣等感があるからです。そんなことはしなくてもいいと、花を差し出された人は警戒を解くでしょう。

真の友人を持て

不安で「武装」する人もいます。そのような人も心を開くのが怖いのです。アドラーは次のようにいっています。

「不安は人生を途方もなくつらいものにし、自分を他の人から閉め出し、そうすることで、平和な生と実りある行動の基礎を獲得することに向かないようにする」（『性格の心理学』）

自分を他の人から閉め出すというのは、他の人と関わらないようにするということです。しかし、他の人と関わらなければどうなるか。

「平和な生と実りある行動の基礎を獲得することに向かないようにする」（前掲書）

対人関係は悩みの源泉といっていいくらいですが、人と関われば、そのことが平和な生を送り、実りある行動をすることを可能にします。どんな人とも最初からよい関係を築くことはできません。対人関係を避けると揉《も》め事に巻き込まれることを回避できるでしょうが、人との関わりの中でこそ、生きる喜びも幸福も感じられるのです。人と関わらなければ「平和な人生」を送ることはできません。不安が対人関係を避けるために作り出され対人関係に入っていかなければ、人生は「途方もなくつらいもの」になります。

ただし、対人関係に入っていくとは、誰とも仲良くするという意味ではありません。友だちが多いことを誇る人、今の時代であればSNSのフォロワー数が多いことを自慢にする人がいます。反対に、友だちが少ないと不安になる人がいます。

アドラーのいう、人と人が結びついているという意味での「仲間」は数とは関係がありません。高校生の頃、私に友人がいないことを心配した母が担任の先生に相談したことがありました。先生は私は「友だちを必要としない」といいました。この時、先生がいった「友だち」は、いつも行動を共にする仲の良い友だちという意味だったのでしょう。その意味での友だちはどれほど多くても、まさかの時、いざという時には助けにはなりません。「A friend in need is a friend indeed（まさかの時の友こそ真の友）」という英語の諺にいわれるような友人が一人でもいればいいのです。現実的にそのような友人が今いないとしても、自分をよく見せようと思わなくても、ありのままの自分を受け入れてくれる人はいると思えれば、人生は苦しいことも多いですが「途方もなくつらいもの」にはなりません。

自力では解決できない問題があれば、このような仲間である友人に援助を求めなければなりません。もともと依存的な人が自分でできるのに人に援助を求めるのは問題ですが、自分でできないのに援助を求めようとしなければ、いよいよ問題の解決が困難になるからです。

不安は他者との連帯によって取り除かれる

病気の時の不安について考えた時に、患者が医師を「仲間」であると思えなければならないということを見ました。

アドラーは次のようにいっています。

「人間の不安は個人を共同体に結びつける連帯によってのみ取り除かれうる。自分が他者に属していることを意識している人だけが不安なしに人生を生きるだろう」（前掲書）

「他者に属している」という言い方はわかりにくいですが、正確にいえば、「他者から構成される共同体」という意味です。何らかの共同体に所属しているという感覚を持てることは人間の基本的な欲求です。「共同体」の最小単位は「私」と「あなた」なので、他者に属しているという表現も可能です。

医師と患者についてもいえます。共同体は患者と医師で構成されています。この共同体に属していると感じられる時、患者は医師と協力して治療しようと思えるでしょうし、それが「生きる勇気」を持つということであり、その勇気を持てた時に不安は取り除かれます。

しかし、このことは仲間外れになるのを恐れて、気が向かないのに共同体の一員になることではありません。時に現実の共同体ではないこともあります。世の中にある理不尽なことに声を上げることには勇気が必要ですが、声を上げた時に必ずそのことを支持し、連帯する人がいます。そのような人から構成される共同体に所属していると感じられることは、自分は孤立してしまうのではないかという不安を解消します。

声を上げる人を支援する立場からいえば、皆が協力しているという実感を持てることが、こんなことをしても世の中は何も変わらないのではないかという不安から脱却することを可能にします。

人と人とが結びついていること（Mitmenschlichkeit）をアドラーは「共同体感覚」といいますが、これは上から与えられるものではありません。本来は政府の仕事なのに、災害が起きた時、コロナ禍の今、自分たちは何もしないで、まず自助、それで駄目なら共助をと国民の連携を呼びかけるのは間違っています。

政府にいわれなくても、災害に遭って困っている人があれば助け合います。そのような時、たしかに今こんなに大変な目に遭っているけれども、人との結びつきを感じられる時に、これからどうなるのかという不安は取り除かれます。

当然のことながら、国家と政府は別のものです。真に国家を愛する人は必要があれば政府を批判するでしょう。個人の関係においても、相手を愛するということは相手のすることを無条件に受け入れることではないはずです。おかしいことはおかしいといえるのでなければ、相手を愛しているとはいえません。相手の間違っていることを指摘して壊れるような関係であれば、今は関係がよいと見えても、遅かれ早かれ破綻するでしょう。

政府を批判することで国が分断するような事態になったとしても、その不和から真の結びつきが生まれるというのでなければなりません。

希望は他者から与えられる

三木は次のようにいっています。

「私は未来へのよき希望を失うことが出来なかった」（『語られざる哲学』）

希望を失わなかったではなく、希望を失うことができなかったといっているのです。なぜ三木はそういえたのか。希望は他者から与えられるからです。

「自分の持っているものは失うことのできないものであるというのが人格主義の根本の論理である。しかしむしろその逆でなければならぬ。自分に依るのではなくどこまでも他から与えられるものである故に私はそれを失うことができないのである」（『人生論ノート』）

孤立無援だと思っても、人は誰もが他者との結びつきの中に生きています。何事もなければそのことに普段は気づかないかもしれませんが、苦境にある時、自分の味方、自分を支持する仲間の存在に気づきます。その時、希望は他者から与えられるのです。

三木はこんなことも書いています。

「心に希望さえあれば、人間はどんな苦難にも堪《た》えてゆくことができる」（「心に希望を」『三木清全集』第十六巻所収）

あまりに楽観的だと思う人もいるかもしれませんが、病気になった時などに他者から与えられる希望によって絶望から救われたと実感した人はいるでしょう。

自分の価値を自分で知るのは容易なことではありません。何かを成し遂げた時に自分に価値があると思っている人は、病気になると自分には価値がないと思ってしまいます。そのような人が入院したという知らせを聞いて家族や友人が取るものもとりあえず病院に駆けつけ、重体でもとにもかくにも無事であることを喜んでくれるのを知った時、生きているだけで自分に価値があると思え、人と結びついていると思えます。

今ここを生きる

他者と結びついていると思えることが不安から脱却するためには必要であることを見てきました。また、「今ここ」で充実した生を送ることも必要であることを病気や死について考えた時に見ました。

「今ここを生きる」という考え方は、ストア哲学に由来します。例えば、マルクス・アウレリウスは次のようにいっています。

「たとえお前が三千年生きながらえるとしても三万年生きながらえるとしても、覚えておけ。何人も今生きている生以外の生を失うのではないこと、今失う生以外の生を生きるのではないことを」（『自省録』）

何年生きたかは問題ではなく、生まれて間もない子どもも長く生きた人も「今」しか生きられないのです。

「だから、もっとも長い生ももっとも短い生も同じことだ」

「各人は束の間のこの今だけを生きている。それ以外は既に生き終えてしまったか、不確かなものだ」（前掲書）

人は流れの中に生きているのです。ヘラクレイトスは「同じ川には二度は入れない」といっています。この世のすべてのものは流れゆくものであり、同じものとして留まるものは一つとしてありません。過去は「既に行き終えて」しまって、もはやどこにもありません。未来も、どうなるかは誰にもわからないという意味で「不確かな」ものです。人は「束の間のこの今」だけを生きるしかありません。

先の人生が見えないことを闇の中を手探りで歩くことのようにイメージすると、次の一歩を踏み出すのが怖くなるかもしれません。そうではなく、「今ここ」に強い光を当てて見ると、人生が違って見えてきます。過去も未来も見えなくなるのも、今を生きるしかできないのも同じですが、生きる姿勢が先の人生を見えなくさせるのであり、今日という日を今日という日のためにだけ生きるという生き方を自分が選んでいるところが違います。

このような生き方は刹那《せつな》主義ではありません。アドラーが、現実との接点を見失うと「人生が要求していること、人間として〔他者に〕何を与えなければならないかを忘れる」といっています（『性格の心理学』）。「今ここ」を生きないことも現実との接点を持たない生き方です。

「与える」というのは「貢献する」ということですが、これまで見てきたように、何か特別なことをしなくても、生きていることでそのまま他者に貢献できているのです。この意味で他者に与えられるだけでなく、与えること、貢献することが生きることの目標です。この目標を見据えている限り、先の人生が不確実であっても人生で迷うことはないでしょう。

参考文献

Adler, Alfred. *Über den nervösen Charakter: Grundzüge einer verglichenden Individualpsychologie und Psychotherapie*, Vandenhoechk & Ruprecht, 1977.

Adler, Alfred. *Superiority and Social Interest: A Collection of Later Writings*. Edited by Heinz L. and Rowena R. Ansbacher. W. W. Norton, 1979.

Adler, Alfred. 'Das Todesproblem in der Neurose', *Alfred Adler Psychotheraoie und Erziehung Band III*, Frankfurt am Main: Fischer Taschenbuch Verlag, 1983.

Adler, Alfred. *Adler Speaks: The Lectures of Alfred Adler*; Stone, Mark and Drescher, Karen eds., iUniverse, Inc., 2004.

Antonius, Marcus Aurelius. *Ad Se Ipsum Libri XII*, Dalfen, Joachim. ed., BSSB B.G.Teubner Verlagengesellschaft, 1987.

Burnet, J. ed. *Platonis Opera*, 5 vols., Oxford University Press, 1899-1906.

Dinkmeyer et al., *Adlerian Counseling and Psychotherapy*, Merrill Publishing Company, 1979.

Ross, W.D. *Aristotle's Metaphysics*, Oxford University Press, 1948.

Manaster et al. eds., *Alfred Adler: As We Remember Him*, North American Society of Adlerian Psychology, 1977.

Sicher, Lydia. *The Collected Works of Lydia Sicher: Adlerian Perspective*, Davidson, Adele ed., QED Press, 1991

Sontag, Susan. *Illness as Metaphor and AIDS and Its Metaphors*, Picador, 2001.

芥川龍之介『地獄編・偸盗』新潮社、一九六八年
アドラー『生きる意味を求めて』岸見一郎訳、アルテ、二〇〇八年
アドラー『人間知の心理学』岸見一郎訳、アルテ、二〇〇八年
アドラー『性格の心理学』岸見一郎訳、アルテ、二〇〇九年
アドラー『教育困難な子どもたち』岸見一郎訳、アルテ、二〇〇九年
アドラー『人生の意味の心理学（上）』岸見一郎訳、アルテ、二〇一〇年
アドラー『人生の意味の心理学（下）』岸見一郎訳、アルテ、二〇一〇年
アドラー『個人心理学講義』岸見一郎訳、アルテ、二〇一二年
アドラー『人はなぜ神経症になるのか』岸見一郎訳、アルテ、二〇一四年
アドラー『子どもの教育』岸見一郎訳、アルテ、二〇一四年
茨木のり子『茨木のり子集　言の葉1』筑摩書房、二〇一〇年
ウェーバー、マックス『仕事としての学問　仕事としての政治』野口雅弘訳、講談社、二〇一八年
ヴェーユ、シモーヌ『ギリシアの泉』冨原眞弓訳、筑摩書房、一九八八年
内村鑑三『後世への最大遺物　デンマルク国の話』岩波書店、一九六七年
加藤周一『小さな花』かもがわ出版、二〇〇三年
神谷美恵子『神谷美恵子日記』KADOKAWA、二〇〇四年
岸見一郎『アドラー　人生を生き抜く心理学』二〇一〇年
岸見一郎『生きづらさからの脱却』筑摩書房、二〇一五年
岸見一郎『老いた親を愛せますか？』幻冬舎、二〇一五年
岸見一郎『三木清「人生論ノート」を読む』白澤社、二〇一六年
岸見一郎『希望について　続・三木清「人生論ノート」を読む』二〇一七年
岸見一郎『幸福の哲学』講談社、二〇一七年

参考文献

岸見一郎『愛とためらいの哲学』ＰＨＰ研究所、二〇一八年
岸見一郎『シリーズ世界の大思想　プラトン「ソクラテスの弁明」』KADOKAWA、二〇一八年
岸見一郎『マルクス・アウレリウス「自省録」』ＮＨＫ出版、二〇一九年
岸見一郎『人生は苦である、でも死んではいけない』講談社、二〇二〇年
岸見一郎『老いる勇気』ＰＨＰ研究所、二〇二〇年
岸見一郎『今ここを生きる勇気』ＮＨＫ出版、二〇二〇年
岸見一郎『老後に備えない生き方』KADOKAWA、二〇二〇年
岸見一郎『これからの哲学入門』幻冬舎、二〇二〇年
岸見一郎『数えない生き方』扶桑社、二〇二一年
岸見一郎『アドラー　性格を変える心理学』二〇二一年
岸見一郎『三木清　人生論ノート』ＮＨＫ出版、二〇二一年
キケロー『老年について』中務哲郎訳、岩波書店、二〇〇四年
キルケゴール、セーレン『不安の概念』村上恭一訳、平凡社、二〇一九年
クーリエ・ジャポン編『新しい世界』、二〇二一年
黒井千次『老いるということ』講談社、二〇〇六年
ジョルダーノ、パオロ『コロナの時代の僕ら』早川書房、二〇二〇年
城山三郎『無所属の時間で生きる』新潮社、二〇〇八年
田中美知太郎『時代と私』文藝春秋、一九八四年
ドストエフスキー『白痴（上）』木村浩訳、新潮社、一九七一年
パスカル『パンセ』前田陽一、由木康訳、中央公論社、一九七三年
林京子『祭りの場・ギヤマン　ビードロ』講談社、一九八八年
林京子『長い時間をかけた人間の経験』講談社、二〇〇五年

プルタルコス『プルタルコス英雄伝（中）』村川賢太郎編、筑摩書房、一九六六年
ベルク、ヴァン・デン『病床の心理学』早坂泰二郎、上野矗訳、現代社、一九七五年
三木清『三木清全集』岩波書店、一九六六～一九六八年
三木清『哲学入門』岩波書店、一九四〇年
三木清『人生論ノート』新潮社、一九五四年
三木清『パスカルにおける人間の研究』岩波書店、一九八〇年
三木清『哲学ノート』中央公論新社、二〇一〇年
三木清『語られざる哲学』（三木清『人生論ノート』KADOKAWA、二〇一七年所収）
宮沢賢治『宮沢賢治詩集』天沢退二郎編、新潮社、一九九一年
森有正『流れのほとりにて』（『森有正全集1』筑摩書房、一九七八年所収）
森有正『砂漠に向かって』（『森有正全集2』筑摩書房、一九七八年所収）
安岡章太郎『死との対面』光文社、二〇一二年
柳田邦男『「死の医学」への序章』新潮社、一九八六年
ユルスナール、マルグリッド『東方綺譚』白水社、一九八四年
ラエルティオス、ディオゲネス『ギリシア哲学者列伝（中）』加来彰俊訳、岩波書店、一九八九年
龍應台『父を見送る』天野健太郎訳、白水社、二〇一五年
ロス、キューブラー『死ぬ瞬間』鈴木晶訳、中央公論新社、二〇〇一年
『聖書』新共同訳、日本聖書協会、一九八九年

切りとり線

★読者のみなさまにお願い

この本をお読みになって、どんな感想をお持ちでしょうか。祥伝社のホームページから書評をお送りいただけたら、ありがたく存じます。今後の企画の参考にさせていただきます。また、次ページの原稿用紙を切り取り、左記まで郵送していただいても結構です。

お寄せいただいた書評は、ご了解のうえ新聞・雑誌などを通じて紹介させていただくこともあります。採用の場合は、特製図書カードを差しあげます。

なお、ご記入いただいたお名前、ご住所、ご連絡先等は、書評紹介の事前了解、謝礼のお届け以外の目的で利用することはありません。また、それらの情報を6カ月を越えて保管することもありません。

〒101－8701（お手紙は郵便番号だけで届きます）
祥伝社　新書編集部
電話03（3265）2310
祥伝社ブックレビュー　www.shodensha.co.jp/bookreview

★本書の購買動機（媒体名、あるいは○をつけてください）

＿＿＿＿新聞の広告を見て	＿＿＿＿誌の広告を見て	＿＿＿＿の書評を見て	＿＿＿＿の Web を見て	書店で見かけて	知人のすすめで

★100字書評……不安の哲学

名前

住所

年齢

職業

岸見一郎　きしみ・いちろう

1956年、京都生まれ。哲学者。京都大学大学院文学研究科博士課程満期退学（西洋古代哲学史専攻）。専門の哲学（西洋古代哲学、特にプラトン哲学）と並行して、1989年からアドラー心理学を研究。著書に『嫌われる勇気』『幸せになる勇気』（古賀史健と共著、ダイヤモンド社）、『幸福の哲学』（講談社）、『今ここを生きる勇気』（NHK 出版）、『ほめるのをやめよう リーダーシップの誤解』（日経 BP）など多数。

不安《ふあん》の哲学《てつがく》

岸見《きしみ》一郎《いちろう》

2021年 6 月10日　初版第 1 刷発行

発行者……………辻 浩明

発行所……………祥伝社《しょうでんしゃ》

〒101-8701　東京都千代田区神田神保町3-3

電話　03(3265)2081(販売部)

電話　03(3265)2310(編集部)

電話　03(3265)3622(業務部)

ホームページ　www.shodensha.co.jp

装丁者……………盛川和洋

印刷所……………萩原印刷

製本所……………ナショナル製本

Printed in Japan　ISBN978-4-396-11629-3　C0210

〈祥伝社新書〉
「心」と向き合う

183
般若心経入門
276文字が語る人生の知恵
永遠の名著を新装版で。いま見つめなおすべき「色即是空」のこころ
松原泰道

204
観音経入門
悩み深き人のために
安らぎの心を与える「慈悲」の経典をやさしく解説
松原泰道

188
歎異抄《たんにしょう》の謎《なぞ》
親鸞をめぐって・「私訳 歎異抄」・原文・対談・関連書一覧
親鸞は、本当は何を言いたかったのか？
作家
五木寛之

076
早朝坐禅
凜《りん》とした生活のすすめ
坐禅、散歩、姿勢、呼吸……のある生活。人生を深める「身体作法」入門
宗教学者
山折哲雄

308
神（サムシング・グレート）と見えない世界
「神」とは何か？　「あの世」は存在するのか？　医学者と科学者による対談
東京大学名誉教授
矢作直樹
筑波大学名誉教授
村上和雄

〈祥伝社新書〉
医学・健康の最新情報

314
「酵素」の謎
なぜ病気を防ぎ、寿命を延ばすのか
人間の寿命は、体内酵素の量で決まる。酵素栄養学の第一人者がやさしく説く
医師 鶴見隆史

348
臓器の時間
進み方が寿命を決める
臓器は考える、記憶する、つながる……最先端医学はここまで進んでいる
慶應義塾大学医学部教授 伊藤 裕

572
「超・長寿」の秘密
110歳まで生きるには何が必要か
長寿のカギは遺伝子にある。「遺伝子が使われる」生活とは？
伊藤 裕

307
肥満遺伝子
やせるために知っておくべきこと
太る人、太らない人を分けるものとは？　肥満の新常識！
順天堂大学大学院教授 白澤卓二

319
本当は怖い「糖質制限」
糖尿病治療の権威が警告！　それでも、あなたは実行しますか？
医師 岡本 卓

〈祥伝社新書〉
医学・健康の最新情報

438
腸を鍛える
腸内細菌と腸内フローラ
腸内細菌と腸内フローラが人体に及ぼすしくみを解説、その実践法を紹介する
東京大学名誉教授
光岡知足

190
発達障害に気づかない大人たち
ADHD、アスペルガー症候群、学習障害……全部まとめて、この1冊でわかる
福島学院大学教授
星野仁彦

356
睡眠と脳の科学
早朝に起きる時、一夜漬けで勉強をする時……など、効果的な睡眠法を紹介する
杏林大学医学部教授
古賀良彦

404
科学的根拠にもとづく最新がん予防法
氾濫する情報に振り回されないでください。正しい予防法を伝える
国立がん研究センター
がん予防・検診研究センター長
津金昌一郎

458
医者が自分の家族だけにすすめること
自分や家族が病気にかかった時に選ぶ治療法とは？　本音で書いた50項目
医師
北條元治